A Grande Mudança

LEE CARROLL & KRYON,
TOM KENYON & OS HÁTHORES & MARIA MADALENA,
PATRICIA CORI & O ALTO CONSELHO DE SÍRIO
Organizado por MARTINE VALLÉE

A Grande Mudança

Como Participar da Criação de um Novo Mundo a partir de 2012

Tradução
CARMEN FISHER

Editora
Cultrix
SÃO PAULO

Título original: *The Great Shift*.

Publicado mediante acordo com Editions Ciel et Terre inc.! Heaven and Earth Publications Inc., Outremont, Qc, Canada.

Coordenação Editorial: Denise de C. Rocha Delela e Roseli de Sousa Ferraz

Preparação de originais: Denise de C. Rocha Delela

Revisão: Juliano Domingues de Almeida

Dados Internacionais de Catalogação na Publicação (CIP)
(Câmara Brasileira do Livro, SP, Brasil)

A Grande mudança : como participar da criação de um novo mundo a partir de 2012 / organizado por Martine Vallée ; tradução Carmen Fisher. – São Paulo : Cultrix, 2010.

Título original: The great shift.
Vários autores.
ISBN 978-85-316-1092-9

1. Ano 2012 2. Esoterismo 3. Espiritualidade 4. Movimento da Nova Era 5. Ocultismo 6. Profecias I. Vallée, Martine.

10-10068 CDD-133

Índices para catálogo sistemático:
1. Esoterismo : Ciências ocultas 133
2. Ocultismo 133

O primeiro número à esquerda indica a edição, ou reedição, desta obra. A primeira dezena à direita indica o ano em que esta edição, ou reedição, foi publicada.

Edição	Ano
1-2-3-4-5-6-7-8-9-10-11	10-11-12-13-14-15-16-17

Direitos de tradução para o Brasil
adquiridos com exclusividade pela
EDITORA PENSAMENTO-CULTRIX LTDA.
Rua Dr. Mário Vicente, 368 — 04270-000 — São Paulo, SP
Fone: 2066-9000 — Fax: 2066-9008
E-mail: pensamento@cultrix.com.br
http://www.pensamento-cultrix.com.br
que se reserva a propriedade literária desta tradução.
Foi feito o depósito legal.

SUMÁRIO

INTRODUÇÃO

Uma calorosa saudação a todos vocês. Antes e acima de tudo, eu quero agradecê-los pelo tempo que estão dedicando à leitura destas informações. Há quinze anos trabalhando no ramo editorial, eu estou ciente da grande quantidade de livros no mercado e do número extraordinário de escolhas que ele oferece. Nunca houve tanta informação disponível sobre qualquer assunto imaginável e de todas as formas possíveis. De maneira que a escolha de um livro é de fato uma decisão consciente e eu sou muito agradecida por vocês estarem dedicando parte de seu precioso tempo para ler o que tenho a dizer.

Dizer o quanto eu me sinto emocionada ao ver este livro publicado em outra língua que não seja o francês é dizer pouco. Sou extremamente grata a todos da Weiser Books e, em particular, a Jan Johnson, por seguir sua intuição ao decidir levar adiante este projeto. Se não fosse por ela, vocês não estariam lendo este livro.

Depois de anos publicando alguns importantes autores, cada um deles transmitindo conhecimentos inspiradores em diversos idiomas em benefício dos leitores de todas as partes do mundo, achei que era hora de reunir alguns deles num único projeto literário. O que apresentamos a seguir é o resultado dessa reunião, sem nenhum outro propósito além de oferecer um maior entendimento do que está acontecendo não apenas dentro de nós, mas também ao nosso redor. Nosso objetivo é lidar melhor com o que todos nós estamos sentindo em algum nível.

Três grandes autores fazem parte deste livro. O primeiro deles é Lee Carroll/Kryon, cuja obra *The Kryon Writings* é certamente uma das que atualmente nos trazem informações mais confiáveis. Eu venho publicando seus trabalhos desde 1996. Devo reconhecer que, para mim, foi amor à primeira vista. Eu entrei pela primeira vez em contato com Kryon/Lee Carroll num evento espiritual da Nova Era em Nova York. Fiquei tão fascinada por seus escritos que li o primeiro livro inteiro sentada numa poltrona do saguão do hotel em que estava hospedada. Eu tive certeza então de que os ensinamentos de Kryon iam mudar tanto a minha vida quanto a de meus leitores. Com o passar dos anos, Lee Carroll tornou-se um grande amigo. Viajamos juntos em diversas ocasiões e ele continua vindo a Montreal para realizar eventos a cada dois anos. Trata-se de um homem que eu admiro profundamente tanto por sua devoção ao trabalho que faz quanto por seu modo de fazê-lo. É uma honra publicar sua obra e tê-lo como amigo.

Tom Kenyon é também um homem muito especial e dotado de muitos talentos. Ouvi falar a respeito dele antes de ler qualquer um de seus escritos. Finalmente, em setembro de 2007, outro de meus autores, Drunvalo Melchizedek, me disse: "Você precisa conhecer Tom Kenyon". Depois, passados um ou dois meses, uma senhora chamada Wendy veio ao meu escritório solicitar que eu publicasse o livro de Tom e Judi, *The Magdalen Manuscript.* Eu o fiz e senti com muita intensidade que eles teriam que fazer parte de *A Grande Mudança.* Tom Kenyon canaliza tanto as mensagens de Maria Madalena quanto as dos Háthores. Pelo que eu sei, muito poucas pessoas se dedicam tanto ao resgate do feminino divino quanto Tom Kenyon e Judi Sion, e eu os admiro profundamente pela devoção que dedicam a essa missão. Por fim, temos Patricia Cori, que trabalha com o Alto Conselho de Sírio. Ela é uma pioneira e já publicou muitos livros, todos de grande interesse. É uma mulher maravilhosa e totalmente dedicada a servir a humanidade.

Inspiração é sempre algo totalmente único e surpreendente, e seu processo reserva muitas surpresas. Sabemos onde ele começa, mas nunca onde vai acabar. Quando comecei pela primeira vez a pensar na ideia de criar este livro, foi simplesmente porque eu queria oferecer aos meus leitores a possibilidade de lidar mais facilmente com as energias que estão nos aproximando do marco 2012, sobre o qual todo mundo está falando. São tantas as expectativas que alimentamos em torno desse marco..., mas antes temos que chegar lá. Se há algo de que tenho certeza é que não vamos chegar lá com o mesmo corpo com o qual iniciamos e tampouco com o mesmo sistema de crenças que um dia tivemos. Essas são algumas das razões que tornam as coisas mais difíceis para muitas pessoas hoje em dia. Temos que deixar as mudanças ocorrerem, porque, se não fizermos isso, quando 2012 bater à nossa porta, estaremos exaustos de tanto resistir. Esse é o propósito por trás deste livro: ajudar as pessoas a entender melhor e enfrentar essas mudanças, que todo ser humano está percebendo em algum nível, consciente ou inconscientemente.

Não há dúvida de que uma mudança está ocorrendo, não apenas em nós mesmos, mas também em todos os países e culturas. Ela é monumental e está acontecendo em todas as partes. Ela está nos transformando no nível mais profundo e, com isso, criando um movimento de compaixão tão grande que já não dá mais para ser negado. Em todos os lugares do mundo, as pessoas estão despertando, dando novo rumo às suas vidas e expressando suas verdades. Mas essa grande Mudança vem acompanhada de um grande desafio — nosso ego. Ele tenta arduamente manter nosso apego à ilusão do que não somos, em vez do que somos. Tomar consciência do ego é o primeiro passo para nos libertarmos do medo e conquistarmos paz de espírito. Mas para isso precisamos saber como nosso ego atua. Como vocês sabem, nossa alma está sempre procurando uma maneira de refletir sua luz através de nós. Pode ser por meio da meditação, do exercício da compaixão, da participação em um seminário, pela expressão de nossos talentos artísticos ou por uma simples caminhada na natureza. Se optássemos por viver conscientemente, nutrindo nosso espírito e não nosso ego, nossa vida seria vivida com paixão. E a paixão desperta a criatividade, que eu chamo de "fogo interior".

Li certa vez que há uma grande diferença entre viver a vida pela luz de nosso espírito e pela luz ilusória do ego. É fácil se deixar enganar, porque o ego é sutil, mas ao mesmo tempo forte e ardiloso. Se prestarmos atenção, é muito fácil perceber como o ego, quando ameaçado, tenta obscurecer nossa verdadeira luz, conduzindo-nos por um falso caminho. Acho que nosso progresso é diretamente proporcional à nossa capacidade de eliminar o máximo possível o ego e nossas tendências de dramatizar: passar do EU para o NÓS. A mudança de perspectiva sobre o que somos mudará o mundo em que vivemos.

Estamos, portanto, de novo nesta jornada sem fim entre a luz e as trevas, a coragem e o medo, sendo a mudança que desejamos ver ou vivendo apavorados diante do que poderá acontecer se o fizermos. Mas se nos dispusermos a dar o próximo passo, descobriremos que existe apenas uma luz, uma jornada e uma família. Desmond Tutu, ganhador do Prêmio Nobel da Paz, disse certa vez: "Um dia, acordaremos e perceberemos que somos todos membros de uma mesma família". Estamos muito próximos de ver isso acontecer.

A todos e a cada um de vocês, eu digo: amem-se uns aos outros, tenham paz no coração e procurem sempre viver de acordo com sua verdade. Dessa maneira, sua vida será um reflexo da luz que você realmente é — e assim ela fará uma diferença no mundo. É essa a grande mudança.

Martine Vallée
Montreal, Quebec, Canadá
martinevallee@qc.aira.com

Primeira parte

KRYON

INTRODUÇÃO DE LEE CARROLL

Nesta introdução, vou falar sobre a editora deste livro, Martine Vallée.

Martine jamais poderia ter imaginado que seria capaz de mudar milhares de vidas. Durante anos, ela se escondeu atrás do disfarce que lhe foi condicionado por sua cultura e circunstâncias. Durante anos, ela se viu apenas à luz dos outros, não à luz de sua própria magnificência. Pela maior parte de sua vida, ela seguiu, assim como a maioria de nós, a rotina de uma existência, a qual se achava incapaz de mudar ou controlar.

Quero que os leitores saibam que eu a conheço há muitos anos e que presenciei sua tomada do próprio poder. Ela é um exemplo vivo daquilo que Kryon prega, por ter recusado o que as circunstâncias criaram para ela e começado a participar ativamente da criação de sua própria realidade! Com senso de propósito e integridade, ela começou a deixar sua luz brilhar de uma maneira que mudou a energia de sua vida. Sua obra é a luz que ilumina a verdade mais profunda na vida de milhares de pessoas.

Uma mulher que, como muitas outras de nosso tempo, decidiu encontrar seu propósito e sair da escuridão para a luz criada por seu próprio Eu Superior. O resto é história e este livro que vocês têm em mãos foi concebido intuitivamente e criado por ela, para vocês. Ele foi publicado originalmente em francês, e agora está também disponível pela primeira vez em inglês e português. Deem uma olhada em seu conteúdo e celebrem a verdade contida nele, que continua mudando a vida de muitas pessoas.

É essa a verdade que pregamos... não importa quem vocês sejam neste planeta, sua decisão de encontrar Deus em seu próprio interior pode resultar em coisas magníficas. É essa a grande mudança.

MENSAGEM DE KRYON

Saudações a todos vocês, prezados seres humanos. Sou Kryon, seu servidor magnético.

Vocês abrem mais uma vez estas páginas esperando receber algo que represente uma mensagem do outro lado do véu. Entretanto, é hora de começar a fundir nossas duas energias de maneira muito mais profunda.

Os seres humanos que honram estas páginas com seus olhos têm algo em comum: eles estão se agregando para transmitir a vocês uma única mensagem de amor. A maioria deles não se conhece nem nunca se viu, mas a "voz" que se expressa através deles representa a mesma mensagem de amor. Essa não é uma mensagem de entidades estranhas a vocês, mas antes uma ampliação da vozinha suave que já existe em sua cabeça e com a qual vocês nasceram. Ela é a ligação com a família e o Eu Superior, dos quais todos nós somos representantes. Em vez de estranhas mensagens esotéricas vindas de algum "mundo além", estas são de fato mensagens da fonte... de nossa própria casa.

A energia está madura para a sua realização. Este ano é um marco para a mudança energética, tanto em você como no planeta. É uma renovação do propósito e uma época em que você pode começar a fazer coisas que intuitivamente percebe existirem para você. Mas se consideram essas mensagens entretenimentos mirabolantes, vocês estão deixando escapar todo o propósito deste livro. Pois cada uma dessas mensagens está bradando que vocês são exatamente como nós... eternos, e para sempre atuando num universo feito para vocês. Vocês são parte da força criadora de todas as coisas e exercem um papel decisivo no que acontece neste planeta.

Portanto, considerem essas vozes enquanto leem este livro. Elas não são *forças estranhas do além*, mas sua própria família. A diferença que existe entre a sua realidade tridimensional e a nossa, multidimensional, cria uma parede ou véu que muitas vezes dificulta a comunicação. Mas à medida que a energia é desobstruída e vocês começam a perceber QUEM está realmente falando, talvez parem por um instante para dizer, *"muito obrigado, minha família, por seu amor"*. Muito antes de receber a mensagem em forma tridimensional, vocês vão sentir o amor de nossa presença infiltrar-se através do véu. Vocês representam um grupo muito pequeno deste planeta, de pessoas que reservam tempo para entrar em contato com essas coisas esotéricas. Eu sei de quem são os olhos voltados para esta página e posso afirmar que sua linhagem é espiritual e que é chegada a hora de repensar essa coisa chamada canalização.

As instituições espirituais terrenas incentivam vocês a orar e vocês costumam fazê-lo. Elas os incentivam a entoar cantos de louvor a Deus e vocês costumam fazê-lo. Mas em nenhum momento desse processo vocês consideram que estão em contato com "entidades do além". Não, em vez disso, vocês preferem sorrir e falar com o que consideram ser a força criadora do Universo... Deus. Pois eu lhes digo que não existe nenhuma diferença. A leitura destas mesmas palavras é uma prece de mão dupla; e a força que vocês consideram tão importante (Deus) está de fato falando com vocês. Então, vocês sorriem e sabem que estou certo, sentimos que a canção vem de seu coração. E então vocês entendem que esta é a mensagem que pediram e que são parte dela. Ela é segura. Sagrada. Finalmente, ela se torna familiar e bela, não estranha e assustadora.

Deixem, portanto, que a família fale com vocês. Permitam-nos transmitir-lhes informações que os guiarão até o próximo estágio do processo desta grande mudança, com a qual todos nós estamos envolvidos. Pois o que acontece na Terra, acontece em todas as partes. É difícil explicar, mas a verdade é que há um propósito para vocês estarem aí na Terra e o que vocês fazem tem impacto sobre tudo. É hora de olharem no espelho e não verem um ser humano apenas, que representa um dos sete bilhões. É hora, isto sim, de olharem no espelho e verem uma única energia... representante da própria força vital de Deus.

Que as canções sejam enfim entoadas!

Vocês nunca estão sozinhos. Vocês são muito amados.

Capítulo um

COMO TRANSFORMAR NOSSA BIOLOGIA E ATRASAR NOSSO RELÓGIO BIOLÓGICO

Com a ciência e a espiritualidade ocupando o primeiro plano, o assunto do dia parece ser "conversar com as próprias células". Todo mundo quer poder controlar à vontade sua própria biologia. É mais fácil falar do que fazer.

Em vez de "falar" com as nossas células, não seria o caso de as abordarmos no nível energético... visualizando-as, por exemplo? Afinal, o DNA não é de natureza interdimensional? Se é, como uma comunicação tri- ou quadridimensional pode dar conta do recado? Não seria o caso de a nossa biologia reagir aos nossos pensamentos em vez de ouvir a nossa fala?

Você tem razão de começar fazendo a pergunta mais difícil. Vamos recordar, para o propósito deste livro, o que é o ser humano. É uma criatura tridimensional, vivendo num meio tridimensional, comendo, dormindo e vivendo uma vida tridimensional. Quando começa a estudar o DNA, e especialmente suas propriedades esotéricas, você consegue entendê-lo realmente? Como dar o salto para uma dimensão que você nem consegue conceber por ser maior do que a de três dimensões?

Antes de iniciar o debate sobre percepção e participação na criação, preciso fazer-lhe as seguintes perguntas: Você se sente bem com sua crença em Deus? Deus é interdimensional, como também é a premissa básica de que você é parte de Deus. Você costuma meditar ou orar? Se costuma, como você transpõe a ponte entre a comunicação tridimensional e a interdimensional? Você entende o que estou dizendo? Certas coisas são "sentidas" e entendidas sem nenhum conhecimento verdadeiro de como funcionam.

Então eu lhe pergunto, você consegue "sentir" o amor de Deus por você? Você consegue sentir as emoções que eu posso ter por você e pelo conjunto da humanidade quando digo o quanto Deus ama a sua alma? Se consegue, você está atravessando aquela ponte, mas não com a ajuda de sua lógica tridimensional. Então, como você está conseguindo? A chave é esta: você deixou seu modo intelectual de pensar, aquela parte de você que precisa colocar cada coisa num compartimento separado para poder entender, e está simplesmente usufruindo a realidade do Espírito que sabe estar ali. Em outras palavras, você aprendeu a deixar sua tridimensionalidade de lado para desfrutar algo que "sente" ser real.

Muitas pessoas irão criticar essa experiência! Dirão que você deixou a lógica de lado para se tornar esotérico e que, nesse processo, perdeu o contato com a realidade. Com isso, você ganha a fama de ser uma daquelas pessoas que seguem crenças obsoletas e passam o dia todo num culto, com a cabeça nas nuvens. A verdade é que toda a humanidade deixa a lógica de lado quando quer algo de Deus. Mesmo a pessoa sem nenhuma religião se dispõe a receber o milagre da cura quando se vê em apuros. Existe uma compreensão inata de que as coisas espirituais estão além da nossa capacidade de entendimento. Isso só passa a ser problema quando você acha que pode controlar essas coisas espirituais. Essa é a novidade da Nova Era com o qual a velha energia tem dificuldade para lidar.

A comunicação intercelular não é difícil. É uma ponte que já está disponível no interior de seu corpo, pronta para ser atravessada. A maior parte da humanidade jamais a usa, porque lhe ensinaram desde cedo que seu corpo faz o que faz automaticamente e que tudo o que ele precisa para funcionar é ser alimentado. Por isso, você passa a vida alimentando seu corpo e esperando que ele dure. Toda a sua inteligência e capacidade intelectual estão na sua cabeça (assim você acredita), como também todos os seus sofrimentos e prazeres. Com isso, você menospreza seus membros e órgãos e espera que eles funcionem... que não adoeçam... que não façam nada fora do seu controle. Se fazem, você diz: "Posso perder este ou aquele órgão e mesmo assim continuar vivendo". Seu cérebro torna-se toda a sua vida e tudo o mais torna-se até certo ponto dispensável ou, no mínimo, "fora de controle".

Você vê o Universo também dessa maneira. Você sabe que está nele e que, enquanto alimentar seu corpo, poderá permanecer nele. Em nenhuma das milhares de sinapses de seus pensamentos, você reconhece: "Sou responsável por isso". Isso simplesmente não lhe ocorre, uma vez que você se vê em três dimensões e, como tal, parece ser escravo de tudo o que existe ao seu redor.

A verdade é que, em ambos os casos, você está no comando. No que diz respeito ao Universo, você pode se conectar ao caos aparente e ter o que chama de "participação na criação", ou "cocriação". Este é você cruzando a ponte entre a sua percepção tridimensional e o sistema já existente do universo, totalmente equipado para "ouvir" o que você deseja fazer em seu caminho. Com o tempo, você percebe que isso funciona e, portanto, começa a cultivar toda a ideia de que, de algum modo, você faz parte do sistema e pode usá-lo. É assim que surgem os Trabalhadores da Luz e esses têm sido os ensinamentos que Kryon vem transmitindo há duas décadas.

Aplique agora esse modo de pensar ao seu corpo. Pense nos trilhões de partículas de DNA, todas idênticas, organizadas para criar o sistema biológico que forma o seu corpo. Você entende que o DNA é o mesmo por todo o seu corpo? Ele cria células especiais que formam órgãos, nervos e músculos, mas a hélice dupla do DNA é a mesma por todo o corpo. Comece a ver isso em você mesmo para entender melhor o que realmente acontece.

Deixe-me perguntar a você, que é um Trabalhador da Luz, em que parte sua está a inteligência? Muitos neste estágio apontarão para a própria cabeça. A verdade é que todo o corpo participa da atividade de discernir. O dedão do seu pé é tão capaz de discernir quanto o seu cérebro. O mesmo acontece com o seu cotovelo. Está entendendo? Na verdade, a sua própria capacidade para enviar luz baseia-se no uso de todo o DNA, de uma só vez, criando um campo quântico ao seu redor que é de fato "visto" pelo Universo, e também envia energia para Gaia. Imagine seres humanos que estejam tentando ser Trabalhadores da Luz sem saber disso. Eles tentam muitas vezes e não conseguem perceber nada. Isso ocorre porque eles não fazem ideia do que seja "falar com as células", como tampouco fazem ideia de que a "usina de luz" requer que todas trabalhem juntas.

Os atributos interdimensionais de seu DNA são mais de dez vezes maiores do que a dupla hélice química de três dimensões que você vê pelo microscópio. Os cientistas também viram isso, pois reconhecem que o genoma humano parece usar apenas três por cento, ou menos, de si mesmo para criar todos os genes do corpo. O restante dele não é explicado. Esse "restante" é a ponte! É um conjunto de quase três bilhões de partículas químicas que organizam e estruturam a parcela tridimensional (os três por cento que são codificados como proteína). Portanto, de fato é possível "ver" a ponte em forma tridimensional pelo microscópio, mas como sua função não é tridimensional, ela não tem nenhuma estrutura nem simetria e é considerada inútil.

Agora vem a boa notícia: como todas as células são igualmente capazes de discernimento, quando você assimila a verdade de Deus, e a de você mesmo como parte da totalidade de Deus, cada célula passa a saber disso. Afinal, elas não estão a fim de perder a oportunidade de embarcar juntas nesta viagem! [brincadeira de Kryon.] Digamos, então, que seu ser espiritual se manifesta como uma espécie de epifania. Você desperta abençoado e mais sábio do que era, e celebra sua nova atitude e sabedoria. Mas você sabia que seu cotovelo e dedão do pé também participaram dessa mesma experiência? A única diferença está no fato de que, por não falar com eles, você não sabe disso! Todas as células se "engancham" umas nas outras para participar de tudo o que é espiritual. A única coisa que fica faltando é o comandante indicar a direção, e o comandante é *você*.

Assim, quando você começa a se dirigir às suas células, seja por meio do pensamento, da fala ou de qualquer outra forma de comunicação, elas já estão a bordo, prontas para dar a partida, aguardando apenas que o comandante indique a direção. A verdade real está contida na seguinte questão paradoxal: Se o seu DNA é por natureza interdimensional, por que você se vê como uma criatura tridimensional? (Agora você já sabe qual é o segredo.) A sua percepção é baseada em três dimensões, mas na verdade a engrenagem interdimensional já se encontra em funcionamento em seu interior e continuará invisível até você iniciar seu caminho para a iluminação. Estudando e assimilando a verdade espiritual, você "enche o jarro" contido em cada uma das sequências de DNA com sua própria energia vibratória.

Estabelecer a comunicação é fácil. Basta não analisá-la! Você analisa o modo de funcionar da combustão interna de seu carro antes de dar a partida? Você analisa o modo de funcionar do telefone celular antes de usá-lo para se comunicar? Não. Você simplesmente sabe que ele funciona e usa-o. É hora de começar a se voltar para o seu corpo e dirigi-lo.

Um dos grandes mistérios da biologia é o modo como as células se comunicam entre si. O DNA — isto é, o código das proteínas e aminoácidos do corpo — parece controlar todos os aspectos químicos de nosso ser. De acordo com minhas pesquisas, cada célula passa, em média, por algumas centenas de milhares de reações químicas por segundo e esse processo, pelo que parece, se repete simultaneamente em cada célula do corpo! Estou tentando entender como podemos literalmente atrasar o relógio biológico, por assim dizer, no interior desse sistema imensamente complexo.

Se o DNA é a cabine de controle, qual é o mecanismo que permite que o gene individual e as atividades celulares ajam em uníssono?

Assim, do nosso ponto de vista, seria ele o mesmo mecanismo que nos permite agir conscientemente em uníssono com o nosso DNA?

De acordo com recentes descobertas científicas, há uma estrutura esférica interdimensional em volta de cada hélice dupla. [Adendo de Lee: Vladimir Poponin descobriu um campo interdimensional em torno do DNA que de fato segue o padrão das partículas de luz num experimento físico. Ele se revelou tão potente que qualquer luz alterada pelo campo permaneceu alterada mesmo depois de esse campo em volta do DNA ter sido removido. *http://twm.co.nz/DNAPhantom.htm*]

Existe, porém, um elemento na comunicação que os biólogos ainda não viram ou reconheceram. Os campos do DNA se sobrepõem e, por isso, são "vistos" da perspectiva interdimensional como um campo unificado. Esse campo unificado é o elemento quântico do ser humano que é profundamente afetado por seu trabalho espiritual e é também a parte humana com a qual se comunicam as forças que você ainda nem descobriu ainda. O que estou querendo dizer é que o seu DNA é envolvido por campos sobrepostos que se comunicam e são, da perspectiva interdimensional, um "campo unificado". Eis finalmente o segredo... o elo que possibilita a "experiência do corpo como um todo", que é direta e está pronta para curar.

Isso deve servir para lhe mostrar mais uma vez que o DNA está pronto para "seguir as ordens do comandante"! Pois você não tem de fazer logicamente nada, a não ser se "apresentar" com intenção espiritual, para que o campo quântico do DNA seja ativado no interior de seu corpo. Deixe que ele faça o trabalho, enquanto você simplesmente gira o leme.

Pelo que eu sei de biologia, o sistema hormonal é o que basicamente controla o processo de envelhecimento. Portanto, para atrasar o relógio biológico, temos que trabalhar diretamente com esse sistema. Para que sejamos capazes de alterar nosso relógio biológico, acho que precisamos saber exatamente como fazer isso, já que apenas falar com ele não funciona e muito poucas pessoas sabem o que visualizar — o DNA, as células, o sistema hormonal, cores. Acho também que temos muita dificuldade para acreditar que podemos realizar tal façanha, sobretudo por não sabermos simplesmente como realizá-la.

Kryon, você poderia nos dar um exemplo que facilite o entendimento? Tomemos, por exemplo, o sistema hormonal. Você poderia nos explicar como influenciá-lo para que ele atrase o relógio biológico?

Para começar, não separe o corpo em compartimentos. Querer separar a engrenagem toda em partes para fazer essa ou aquela funcionar é uma atitude resultante de sua lógica tridimensional. A coisa não funciona dessa maneira. Que ingrediente da sopa você abençoa antes de ingeri-la? O sal? O tomate? A resposta é que você abençoa todo o prato de sopa, contendo milhões de moléculas de diferentes tipos.

O corpo espiritual é uma experiência interdimensional do "corpo como um todo". Ele não reconhece seus componentes particulares. Ele não entende algo como "Eu quero retardar o envelhecimento". Imagine que você seja um xamã, que pede para a natureza que mova uma nuvem para a sua esquerda. Não vai acontecer nada. A natureza responde à sua intenção movendo todo o sistema climático. O oceano responde, o calor e o frio da água respondem, os ventos e a evaporação aquiescem ao seu pedido e, como resultado, todas as nuvens se movem para a esquerda ou são completamente eliminadas.

Atrasar o relógio biológico é uma *experiência de corpo todo.* Envolve cura e energia. Envolve anular as obrigações kármicas e mudar o rumo da própria vida. Como já dissemos, haverá quem perceba que seu envelhecimento foi retardado e queira saber como você conseguiu tal façanha. E você tratará de explicar como toma os ingredientes da sopa separados! As pessoas tendem a separar as partes do todo e tentam manipular apenas os itens de sua preferência. Isso não funciona.

Vou propor algo que você não esperava... um cenário que vai desagradar a muitos: Milhões de seres humanos dão diariamente a suas células ordens para que retardem seu envelhecimento. Essas pessoas não são necessariamente Trabalhadores da Luz. São pessoas comuns que não fazem ideia de que o que estão fazendo é enviar às células, no plano físico... uma mensagem para que retardem o envelhecimento. São as mesmas pessoas que vão malhar nas academias de ginástica de tantos em tantos dias (Eu avisei que você não ia gostar).

O campo quântico em volta do DNA do qual já falei tem suas antenas bem sintonizadas com mudanças e intenções. O que essas pessoas estão fazendo é dizer às células que mudem por meio da prática de exercícios. E acontece simplesmente que isso acaba contribuindo para retardar o envelhecimento. Pode parecer contraditório que, aumentando o metabolismo, ocorra o retardamento do relógio biológico, mas isso acontece; pois o relógio biológico tem relação com tudo ao seu redor, inclusive com o nível de desobstrução de seus vasos sanguíneos e da eficiência com que o coração bombeia sangue. Por isso, muitas pessoas estão atrasando o relógio biológico sem nem saberem disso. O corpo está sempre disposto a colaborar com o "comandante" (você). Quando as células "veem" que estão trabalhando como quando eram mais jovens (pela prática de exercícios), elas começam então a retardar o processo de envelhecimento para acomodar a mudança.

Se aqueles que conseguem se comunicar com suas células acrescentarem à sua prática um breve período de meditação diária, estarão transmitindo a elas uma mensagem extremamente convincente. As células captam "a intenção diretiva" do comandante e a executam (os exercícios).

Qualquer pessoa que tenha conexão com seu eu espiritual pode fazer isso. Reserve um tempinho a cada manhã para exercer o papel de comandante, falando com suas células. Diga a elas o que você pretende conquistar, seu propósito como um todo, não seus aspectos menores. Visualize-se como a criança que foi com um DNA intacto, antes de envelhecer, de ficar doente, de qualquer coisa que tenha acontecido. Diga a elas que sua intenção é recuperar aquela mesma saúde. Em seguida, se for possível, faça exercícios. Qualquer prática ajuda, até mesmo dar algumas voltas no quarteirão ou subir alguns lances de escada. Faça um pequeno ritual... basta que seja de trinta segundos... para que as células "associem" a atividade física com a meditação. Isso é tudo o que você precisa fazer.

E então... funcionou com você? Se não funcionou, talvez você devesse examinar sua experiência espiritual do "corpo com um todo". Você está vivendo de acordo com o que prega? Está elevando seu entendimento do espírito ou insistindo em encontrar nesta mensagem o segredo do rejuvenescimento? Você percebe? Tudo tem a ver com estar conectado ao Eu Superior, que não dá para separar da biologia.

Ouvi também dizer que todos nós temos uma célula mestra ou "impressão digital" que reside na glândula pineal; há quem a chame de célula divina. Supõe-se que essa célula mestra ou divina contenha todo o plano inicial da jornada de nossa vida enquanto ser humano e que conserve o tempo todo o código de nossa perfeição e propósito originais. Essa célula mestra pode ser ativada pela inspiração de luz através da glândula pineal e, já energizada, ela pode trazer equilíbrio e harmonia para todos os quatro corpos, desde o físico até o espiritual.

Será isso verdade ou é simplesmente uma outra maneira de se referir ao DNA? Se essa célula realmente existe, é importante ter consciência dela e trabalhar com ela?

A resposta é sim, existe de fato um plano mestre inicial. A questão de ele estar situado em algum lugar ou em algum órgão é metafórica. Mas a coisa é colocada dessa maneira para que você possa trabalhar com sua glândula pineal que, para alguns, é a "terceira visão". Isso facilita a assimilação desse ensinamento, já que a terceira visão sempre foi vista como veículo de ascensão.

Se você já estudou minhas mensagens com respeito ao que é interdimensional no interior da hélice dupla do DNA, então já sabe o que está por vir. Pois abaixo das camadas do DNA está a camada do "registro akáshico" e também a "camada de Deus". Ambas essas camadas parecem corresponder à célula mestra, não parecem? Mas elas existem em cada uma dos trilhões de estruturas de hélice dupla que existem em seu corpo e representam o código original e o equilíbrio entre os mundos interdimensionais.

A marca distintiva, ou "assinatura" de sua jornada e seu plano mestre realmente existem, mas em cada célula de todo o DNA, não em apenas uma. A ideia desta obra, no entanto, é compartimentalizar esse conhecimento de modo que ele possibilite ao ser humano colocar o conceito em foco para facilitar o seu uso. O método foi transmitido a um determinado agente de cura para esse mesmo propósito e possibilitou que muitos seres humanos curassem a si mesmos e "falassem" com a energia dessa célula mestra.

Portanto, como você pode ver, existem muitas vias para se chegar ao conhecimento de como o Espírito atua, como também muitos ensinamentos que levam todos à mesma fonte, aquela que ajuda os seres humanos a se curarem por meio de ideias sábias de mestres verdadeiros.

Capítulo dois

O DNA DA CURA

Se o nosso DNA contém tudo o que somos, então ele deve ter um "arquivo" com todas as possibilidades de doenças que podem nos acometer, mas certamente também com todas as possibilidades de curá-las. Mas, por enquanto, o que ele parece revelar são apenas as possibilidades de doenças e não de sua cura.

Pelo que eu tenho observado, quando uma doença é descoberta, começa a corrida atrás de sua cura. Muitas modalidades de tratamento são tentadas, e algumas funcionam e outras não; algumas chegam a piorar o estado da pessoa e até matá-la! Acho importante essa questão, porque noto que algumas modalidades funcionam para certas pessoas e não para outras. Isso me sugere que cada pessoa tem sua própria modalidade distintiva de cura e o que funciona para algumas pode não funcionar para outras.

Eu sei que a cura é também uma jornada, mas acho que ela não deixaria de sê-lo se soubéssemos a modalidade certa para acelerar o processo. Talvez a capacidade de curar a nós mesmos não seja comercialmente interessante, mas certamente vale a pena tentar.

Não existe algum teste ou maneira de saber que modalidade de tratamento seria compatível com a nossa energia, ou nosso corpo, para nos curar?

Se não existe, como encontrá-la por conta própria? Como acessar o nosso DNA ou nossos registros akáshicos para sabermos o que melhor se adapta a cada um de nós. Trata-se simplesmente de saber "ouvir" o nosso corpo?

Haverá, algum dia, uma convergência da medicina tradicional com as terapias energéticas e alternativas?

O teste existe desde o começo. O seu "campo quântico celular" (como já foi descrito) "conhece o corpo". Ele sabe tudo sobre você e é um instrumento-chave de diagnóstico que a maioria das pessoas desconhece totalmente. Ele é conhecido entre os humanos como "cinesiologia". É a capacidade do corpo para enviar a você mensagens sobre muitas coisas: o que está acontecendo em seu interior, a que substâncias você tem alergia, qual é o remédio mais eficiente para você ou os avisos que o seu corpo pode ter para lhe dar (como, por exemplo, não comer amendoim ou a existência de uma doença em curso).

É correta a percepção de que para cada corpo humano existe uma modalidade específica de tratamento. O que funciona para uns não funciona para outros. Já falamos sobre isso na ocasião em que descrevemos uma época em que a cura espiritual funcionava dessa maneira, absolutamente eficiente para alguns e totalmente nula para outros. A única explicação para isso está, portanto, no ritmo de sua frequência vibratória, em outras palavras, na medida do campo quântico ao seu redor. Quanto mais elevada for a sua frequência vibratória, maior a eficiência com que essa energia esotérica atuará a seu favor. O seu corpo sabe tudo e a aplicação desse teste sempre foi de grande importância.

Você não acha curioso o fato de poder haver um câncer se desenvolvendo em seu corpo sem que você saiba? O corpo está equipado para se defender de bactérias e muitos outros tipos de doença. Ele faz isso diariamente, enfrentando uma batalha por hora. Entretanto, você não é informado disso, uma vez que ele o faz automaticamente, sem causar ansiedade em você. Se ele lhe informasse sobre o que está acontecendo, você ficaria ansioso o tempo todo e não conseguiria levar a vida adiante. Em vez disso, você confia em sua biologia e em sua capacidade de sobrevivência. Aquele câncer em desenvolvimento só irá se manifestar quando você sentir dor e, às vezes, já é tarde demais.

Portanto, nossa sugestão é que você faça de tempos em tempos um exame completo usando o "sistema corporal". Faça a ele perguntas sobre o que está acontecendo em seu próprio organismo. Agora que, conforme eu já disse, você sabe que seu corpo pode lhe dar informações, não lhe parece sensato que você também possa falar com ele?

A resposta à pergunta sobre a possibilidade de os diferentes tratamentos médicos virem algum dia a convergir é sim. Mas, então, haverá uma outra metodologia radical para a cura, de maneira que é relativo afirmar que elas se tornarão uma abordagem integrada. Haverá sempre algo novo e inaceitável para aqueles que lidam com a saúde humana. Mas ela funcionará e também será algo que causará profunda estranheza [brincadeira de Kryon].

Para concluir a minha investigação em torno do DNA, da ciência e da saúde, eu tenho uma última pergunta a fazer. Está surgindo uma nova ciência que reconhece que as coisas vivas operam em compasso com os ritmos da vida. Essa ciência é chamada de cronobiologia — a influência do tempo e de certos ciclos periódicos sobre as funções biológicas. A pulsação e a pressão sanguínea, a temperatura do corpo, a circulação de linfócitos, os ciclos hormonais e outras funções do corpo humano, todos parecem ter seus fluxos e refluxos de acordo com algum esquema básico recorrente. Esses ritmos não são exclusivos dos seres humanos, mas estão presentes em toda natureza. A diferença entre nós e a natureza é que essa parece realizar isso instintivamente.

Eu estive me perguntando se, não seguindo nossos ritmos biológicos ou baseados em nosso relógio biológico, por exemplo, na atividade geomagnética do Sol, nós não estamos deixando de levar em conta algo importante.

Se conhecêssemos melhor essa ciência, poderia o uso de medicamentos ou outros tratamentos ser mais eficaz se seguíssemos nosso relógio biológico?

Nesse caso, há alguma maneira de sabermos isso instintivamente, como faz a natureza?

Os biorritmos são conhecidos há séculos e até mesmo os povos indígenas os usavam em coordenação com os movimentos das marés e da Lua. Os seres humanos são de fato criaturas que giram em torno de ciclos, e de que outra prova você precisa além de se lembrar de que o ciclo menstrual das mulheres ocorre de acordo com as fases da Lua? Você pode também perceber por si mesmo que a Lua cheia causa perturbação na psique da maioria dos seres humanos. Portanto, isso deveria bastar para você se lembrar de que vive em sintonia com os ciclos da própria Terra, bem como com tudo que existe nela.

Portanto, a resposta é sim. O estudo dos ciclos da vida na Terra em geral, levando em conta os movimentos da natureza, irá beneficiar o processo de cura de todos vocês. Isso implica, no entanto, considerar que existem horas mais e menos propícias para se usar a biologia para certas finalidades. Considere esta como sendo a "astrologia da cura".

Capítulo três

RELIGIÃO COMO EDUCAÇÃO

Kryon, o que aconteceu com o verdadeiro propósito das religiões? Atualmente, são travadas guerras em nome das religiões. Pessoas são mortas em seu nome. Em favor de alguma religião, até o genocídio é permitido. Isso sem mencionar todos os escândalos sexuais dos últimos anos. Parece que religião envolve, sobretudo, um sistema de crenças e de poder, de quem está por cima. Então, as pessoas têm que seguir o sujeito que está "por cima", que conhece a "verdade". No âmbito desta ou daquela religião, todo mundo defende suas próprias crenças, passa a brigar por elas e, finalmente, a achar que pode proteger sua versão da verdade eliminando aqueles que não pensam da mesma maneira.

Existem certos pregadores que exigem milhões de seus seguidores... tudo em nome de Deus, dizendo que serão salvos se distribuírem suas riquezas, quando na verdade uma grande parte desses milhões vai diretamente para seus próprios bolsos. Deus é com certeza um grande negócio para alguns, um lugar onde ocultar o abuso para outros e, para alguns extremistas, a oportunidade de fabricar bombas e justificar suas explosões contra seus próprios conterrâneos e todos que estiverem em seu caminho, porque acham que terão dez virgens esperando por eles do outro lado!

Embora isso possa soar como condenação, da minha perspectiva as religiões perderam toda credibilidade. Sempre me perguntei onde elas foram parar. Alguma vez houve alguma religião verdadeira, que pregasse propósito e que colocasse em prática ideias como as de união, compaixão, liderança e serviço ao próximo? Se houve, onde ela foi parar?

Como é vivida a experiência religiosa nas sociedades evoluídas? Será que ela existiu em civilizações como a de Atlântida ou a Lemúria?

Nunca houve nenhuma religião na Lemúria. Em seu lugar, havia um entendimento intuitivo de que a vida girava em torno da natureza e que os seres humanos podiam controlar seu próprio futuro. Esse era o cerne da espiritualidade... um conhecimento intuitivo de que cada ser humano era responsável pelas coisas boas e ruins que lhe ocorriam. Os habitantes da Lemúria também eram dotados de um DNA de duas camadas interdimensionais ativadas no nível quântico, que lhes possibilitavam "ver e entender" as coisas que ainda são invisíveis para vocês. Isso os ajudava a se relacionar com Deus.

Quando essas camadas começaram a enfraquecer, os seres humanos recorreram às estruturas espirituais que são hoje conhecidas... uma mistura de mitologia e história, comumente centrada em torno de um profeta que eles adoram. O resto é como você já disse.

Entretanto, não seja tão severo ao julgar as organizações religiosas. A busca por Deus, na vida de todo ser humano, é pessoal. Sua própria verdade é o que cada um percebe e aceita, mesmo que faça parte de uma doutrina envolvendo coisas que nunca aconteceram! O que estou dizendo é que todos os seres humanos são abençoados por buscarem a Deus pelo meio que cada um desejar. Seja qual for o seu meio de busca, Deus está de fato nele e responderá. Portanto, não há por que julgar qualquer organização que tente encontrar Deus de seu próprio modo com integridade.

Como tantas outras coisas, no entanto, as religiões têm sido manipuladas e usadas indevidamente pelo abuso do poder. Como quase tudo! Portanto, também aqui, cabe a cada ser humano, dentro do alcance de seu discernimento, distinguir o que é do que não é espiritualidade verdadeira. Permanecer no curso é, no entanto, fácil. A regra é esta: *Manter-se fiel às ideias que estão fundamentadas no amor.* Tomar cuidado com aqueles que colocam Deus dentro de um compartimento inventado por eles mesmos ou que dizem existir apenas "um meio" de alcançar a verdade. Dê as costas a todo aquele que lhe apresentar uma lista das "leis de Deus". Pois essas são manobras de homens de poder, não atributos do amor de Deus. Deus não é uma força controladora. Deus é uma força que liberta. Busque pelo amor.

As religiões vieram para ficar, mas a integridade delas começa a ser questionada. Finalmente, depois de todos esses anos, seus seguidores podem começar a fazer tantas perguntas que obriguem os altos escalões das igrejas a "esvaziar seus campanários" e começar a apresentar o amor de Deus de uma maneira nova, que realmente abençoe as massas em lugar de eles próprios. Podemos antecipar uma mensagem mais animadora vinda de todos eles no futuro.

Capítulo quatro

MINHAS EXPERIÊNCIAS PESSOAIS

Todos nós estamos enfrentando muitas mudanças e desafios ao longo de nosso caminho espiritual que podem também nos conduzir a algumas experiências transformadoras. Cada um de nós vive esse processo de uma maneira diferente. Nenhuma é melhor do que a outra, mas apenas diferente. O motivo que me leva a inserir relatos de experiências pessoais neste livro é que eu acho que muitas pessoas conseguem se relacionar com o fato de elas próprias terem experiências, mas não conseguem ter nenhuma explicação clara para elas. O objetivo, portanto, é mostrar como o espírito atua.

Cerca de vinte anos atrás, eu participei de um evento do movimento Nova Era em Toronto, no Canadá, com meu irmão. De longe, eu vi que duas pessoas estavam provocando um grande alvoroço. No início, como elas estavam muito distantes de mim, eu não sabia o motivo de todo aquele alvoroço. Então, eu decidi me aproximar e quando cheguei mais perto, vi que havia crianças formando um círculo ao redor delas, muito alvoroçadas e dando risadas. Fiquei observando-as e concluí que algo especial estava acontecendo, mas eu não sabia o quê. Fiquei perplexo ao ver que elas estavam usando trajes inteiros de prata! Elas iam de uma mesa à outra falando com as pessoas e eu voltei para a minha, esperando que elas também viessem à nossa mesa. Quando elas enfim se aproximaram, eu notei seus traços físicos. Nunca, até aquele dia, eu tinha visto pessoas (ou seres) tão bonitas. Elas pareciam perfeitas em todos os sentidos — corpo, cabelo, cor da pele de um tom perfeito entre o branco e o preto, além de incríveis olhos verdes. Era uma energia feminina e masculina, mas por alguma razão, uma parecia ser a versão da outra. Eu continuo lembrando delas com muita nitidez. Elas estavam muito calmas, apesar de todo o alvoroço que havia ao redor, pois a essa altura havia uma aglomeração ali.

Sobre a nossa mesa, tínhamos livros e uma fotografia do Mestre Hilarion. Elas nos cumprimentaram, viram nossas coisas, pegaram a imagem e disseram: "Nós o conhecemos bem!" E, em seguida, foram embora. Imediatamente eu disse para o meu irmão: "Acho que são visitantes casuais." Nunca esqueci aquela experiência. Kryon, você disse certa vez, "Não se surpreenda se um dia os visitantes ETs desembarcarem de suas naves e parecerem exatamente iguais a você! Essa é uma referência aos seres das Plêiades, que fazem parte da mesma semente biológica sua. Não há nenhuma chegada programada no que diz respeito a eles, mas existe realmente a possibilidade de você encontrá-los".

Será que eles eram realmente ETs? Vindos das Plêiades como eu achei? Eles costumam fazer esse tipo de visita? O mais notável é que as crianças pareciam saber instintivamente quem eles eram e celebrar o acontecimento.

Sim, minha cara, você acertou. Alegre-se pelo fato de os seres das Plêiades se importarem tanto com sua ascensão espiritual a ponto de virem até aqui. Eles vêm e vão e é comum atraírem as crianças. Eles são apenas observadores que querem se manter informados sobre o que acontece em seu "quintal". Pois todos eles sabem muito bem que o ser humano é um irmão, cujo DNA provém igualmente das Plêiades.

Não os encare como seres temíveis, pois são seus parceiros afetuosos nessa empreitada. Não atribua a eles nada que não são: observadores afetuosos do que eles, com toda propriedade espiritual, ajudaram a iniciar. Pois eles são da mesma "semente biológica" que você.

A SEGUNDA EXPERIÊNCIA: PERMISSÃO PARA SEGUIR EM FRENTE... OU MINHA PERCEPÇÃO DELA.

No final de 1990, eu estava grávida e vivendo muito feliz com o pai da criança, numa bela casa de campo. Certo dia, numa reunião em minha casa, um dos participantes era médium. Então, de brincadeira, perguntei a ele: "Vai ser menino ou menina?" E ele respondeu: "Por enquanto, é um menino!" E eu retruquei: "Por enquanto? Como assim?" E ele respondeu: "Sim, às vezes, muda". Francamente, eu não o levei a sério, pois sempre achei que teria um menino. Então, um dia eu fui ao hospital fazer um exame e a enfermeira que me examinou disse que estava tudo bem. Ela me perguntou se eu queria saber se ia ter um menino ou uma menina. Eu disse que queria, sabendo que ela ia dizer com certeza que seria um menino... mas então, eis que ela me disse: "Parabéns, você vai ter uma menina!"

Saltando diretamente para dois anos e meio depois...

Era o ano de 1993 e eu estava então vivendo sozinha num pequeno apartamento, sem nenhum trabalho nem nenhuma perspectiva de receber salário, endividada e com uma criança para sustentar. Uma noite eu estava deitada em minha cama me perguntando o que ia acontecer conosco... como sair do fundo do poço. Naquela mesma noite, eu acordei às quatro horas da madrugada de um sonho muito vívido, com a sensação de que era de vital importância que eu lembrasse daquele sonho em particular. Basicamente, o sonho era sobre uma amiga minha que tivera um bebê e seu marido me dava de presente duas enormes bandejas repletas de bolos e doces. Procurando saber o significado do sonho num livro, encontrei: "O nascimento do bebê significa um novo começo, uma nova vida está diante de você e a bandeja de doces anuncia que você vai colher os frutos doces da vida". Eu sabia que aquela era uma mensagem de um plano superior dizendo para eu persistir. Aquilo teve um efeito muito positivo sobre mim. Jamais duvidei, depois daquele sonho, de que tudo se resolveria. Em 1994, iniciei minha missão como editora de livros espiritualistas.

A minha percepção desse acontecimento é a de que alguma pergunta, num dado momento, estava sendo feita no nível inconsciente a respeito do que eu me propunha a fazer. Em minha opinião, tudo o que veio a seguir teve a ver com a Convergência Harmônica. Acho que em algumas pessoas é possível que haja um implante neutro antes mesmo de elas saberem.

Kryon, se minha percepção está correta, toda essa experiência era para eu mudar totalmente o rumo da minha vida de maneira a permitir a implementação do conhecimento (implante neutro)? Mesmo não tendo pedido por ele, é possível que eu o tenha recebido sem nem mesmo saber que ele existia? Se é assim, por que certas pessoas o recebem antes mesmo de saber de sua existência? Você pode explicar como isso é planejado?

Você está certa com respeito ao que chamamos originalmente de "implante neutro". Trata-se da implantação da permissão para mudar espiritualmente, algo que pode anular seu karma e mudar tudo em sua vida. Por isso, muitos solicitaram isso anos antes de terem ouvido falar de Kryon.

A Convergência Harmônica apenas criou uma energia melhor com a qual trabalhar, mas, antes disso, essa implementação já era totalmente factível.

Muitos Trabalhadores da Luz já faziam isso antes do evento de 1987 e muitos já haviam realizado essa mudança, sem ter consciência dela e nem mesmo um nome para designá-la. Mas com a nova energia, ela se tornou hoje algo muito mais comum. Portanto, depois da Convergência Harmônica, passou-se a falar muito nela e em como realizar essa implementação.

No entanto, ela existe há muitíssimo tempo. Afinal, você não sabia que os mestres de seu passado histórico fizeram, todos eles, isso?

A mudança de sexo de seu bebê também foi obra sua. A percepção de ele vir a nascer como menino era uma predisposição sua para essa experiência em função de seu próprio caminho. Quando você mudou o rumo de sua vida, mudou o sexo do bebê, uma vez que você necessitava de outra energia para trabalhar. Mas, ao contrário do que você pensa, absolutamente nada aconteceu dentro do útero. Esse é um paradoxo do tempo para vocês que são seres tridimensionais. Você pode dizer: "Se eu não tivesse mudado o rumo da minha vida, eu ainda assim teria tido uma menina! Ela esteve em meu útero por nove meses!" A verdade é muito mais complexa. O espírito percebeu que, de livre e espontânea vontade, você ia mudar. Não era algo predestinado, mas o potencial presente que existia era tão forte que se tornaria realidade. Portanto, estava determinado que o bebê seria do sexo feminino mesmo antes de você ter mudado o rumo de sua vida. Isso tudo, apesar de você estar convencida de que seria um menino, dada a sua percepção e a daqueles que "viram" esse potencial em sua antiga energia.

Se isso for muito complicado para você, pense no seguinte: O espírito se baseia nos potenciais. Toda decisão e possibilidade de mudança de vida são vislumbradas. Embora as respostas a que caminhos você irá percorrer não sejam conhecidas, as possibilidades do que pode vir a acontecer "brilham" com um pouco mais de intensidade do que as possibilidades do que pode não ocorrer. Isso se dá em função de sua energia no momento da previsão. A situação é muito semelhante à de uma leitura das cartas do tarô, em que apenas a energia do momento é levada em consideração, quando se tira uma sequência de cartas para prever o futuro. Pode parecer paradoxal, mas da nossa perspectiva do tempo não é.

Eis um outro exemplo: Uma mulher procura um vidente para saber de seu futuro. Ela está grávida de uma menina, com base *nas futuras decisões que o Espírito sabia que ela ia tomar*. Essas decisões espirituais têm seu potencial extremamente fortalecido pela sincronicidade que ela estava prestes a criar. Ela entra na sala com a inscrição "É um menino!" estampada na testa. O vidente "lê" a inscrição em sua testa, pois continua vendo a energia predominante antes de a mulher tomar a decisão de mudar.

Meu parceiro (Lee) veio ao mundo com um só rim e com predisposição a ter problemas de saúde. Ele tentou ingressar na Marinha, mas nunca conseguiu. (Adendo de Lee: Eles trataram logo de me despachar!) Suas predisposições foram criadas em função de seu forte potencial para realizar o trabalho espiritual em que está hoje empenhado. Se ele tivesse ingressado na Marinha, havia fortes indícios de que ele teria acabado indo para o Vietnã naquilo que era chamado de barco veloz. Embora nós nunca tenhamos dito isso antes, o outro potencial que havia naquela linha de sua vida era que ele não teria retornado. Você está percebendo? Antes mesmo de ele ter tomado qualquer decisão de trabalhar com Kryon, seu corpo estava sendo preparado para isso pelos potenciais presentes. Seus atributos de nascença o mantiveram afastado de seu antigo desejo kármico de servir e, com isso, pouparam sua vida para o que está fazendo hoje.

É importante notar que, em ambos os casos, os fortes potenciais se realizaram. Lee só começou de fato a trabalhar com Kryon mais tarde em sua vida, depois de fazer as escolhas que fez, para hoje levar estas mensagens a milhares de leitores. Ter uma menina, em vez de um menino, foi totalmente necessário para que você passasse para a outra energia, mudança essa que ocorreu como se fosse algo no próprio nível tridimensional.

Nós não esperamos que você entenda esse paradoxo do tempo, mas tentaremos sempre deixar você à vontade com o fato de que sua livre escolha, e seu potencial para escolher livremente, é crucial para a sua imediata participação na criação. Você consegue ver o amor atuar também nisso? Deus cuida de todos vocês.

A TERCEIRA EXPERIÊNCIA:
CHOQUE ENTRE DOIS POTENCIAIS?

Há mais ou menos dois anos, eu estava em meu carro com minha mãe e minha filha. Ao me aproximar de um semáforo, comecei a reduzir um pouco a velocidade, mas então vi que o sinal tinha passado para o verde e voltei a acelerar. Ao acelerar, não vi que de trás de algumas árvores vinha um carro na direção contrária, mas como o sinal verde estava aberto para mim, supus que o motorista fosse parar diante do sinal vermelho. Quando ia atravessar o cruzamento, percebi que o outro carro não havia parado — e foi quando eu tive esta experiência bizarra. Assisti a mim mesma tendo o acidente. Vi a cara do homem olhando para mim, perplexo, sem se dar conta de que havia avançado o sinal vermelho. Cheguei a ouvir o ruído metálico ao bater em seu carro, mas então, ouvi a freada e vi que o carro simplesmente passou voando à minha frente. Passada a ocorrência, fiquei parada no meio da rua, sabendo que algo tinha acontecido. Minha mãe e eu ficamos olhando uma para a outra e nos perguntando como havíamos conseguido evitar o acidente.

Será que tudo não passou de imaginação minha ou o que ocorreu foi o cruzamento de dois caminhos em potencial? Nesse caso, o que decidiu o que deveria ou não acontecer? Seria aquilo um resíduo kármico?

Não foi imaginação sua! Nós já falamos muitas vezes a respeito de como a predisposição a um determinado karma é anulado quando você começa a controlar seu próprio destino. Ao fazer isso, mesmo que você continue morando na mesma cidade e até dirigindo o mesmo carro de antes, esses "quase acidentes" representam todos algo que poderia acontecer se você não tivesse deixado o caminho predisposto. De maneira que a sua intuição está certa: você viu um plano antigo se desenrolar diante de seus olhos.

Em muitas de nossas mensagens, por meio de diversos canais, nós repetimos o mesmo ensinamento: *Abençoados são os seres humanos que descobrem que não têm que cumprir seu destino kármico, pois eles muitas vezes passam por suas próprias mortes a caminho de uma vida longa e feliz.*

Quando você assume o controle de seu destino, em vez de simplesmente seguir no rumo que lhe foi traçado, você muda a si mesmo, o rumo da sua vida e a hora de sua morte.

Capítulo cinco

A APROXIMAÇÃO DO ANO 2012

A POLÍTICA DO FUTURO

Em muitos países, os próximos anos trarão muitas mudanças em seus governos. Constatamos que hoje muitos países estão elegendo cada vez mais mulheres como chefes de Estado. Mas o que parece estar ocorrendo ao mesmo tempo é a recusa da "velha guarda" ou da velha energia a ir embora. Há um provérbio segundo o qual "os ditadores jamais deixam o poder". Ele parece se aplicar bem ao momento atual. Basta olhar para Putin (da Rússia), Chávez (da Venezuela) ou Magabe (do Zimbabwe), que fazem tudo para criar leis que os mantenham no poder. Esses são apenas três exemplos.

Num pronunciamento nas Nações Unidas, eu disse que o último suspiro da velha energia seria assistido pelo mundo como a tentativa dos poderosos de fazer tudo para se manterem no poder. Disse também que a nova energia dissolveria aos poucos as típicas lideranças de machos que batem no próprio peito e que sempre dominaram a Terra. A energia está se tornando cada vez mais feminina (e suave) e as pessoas vão começar a eleger aqueles que a representam. É só considerar algo astronômico que vai ocorrer em 2012: outro trânsito de Vênus. Perguntem aos astrólogos qual é o significado desse trânsito para saber mais sobre ele [brincadeira de Kryon].

Nos países governados por ditadores, acabarão ocorrendo golpes para derrubar líderes inaptos e a possibilidade de algum deles se manter no poder depende totalmente de vocês.

ENFRENTANDO A GRANDE MUDANÇA

De acordo com todas as informações que venho colhendo através dos anos, essa mudança será totalmente atípica. O planeta com certeza está mudando e tremendo nas bases — e nós também! Provavelmente porque ele está mudando com seus habitantes a bordo. Você disse recentemente, numa mensagem canalizada que eu ouvi, "O corpo de vocês está preparado". Ora, francamente, Kryon, para muitos de nós, o corpo parece estar antes se deteriorando do que se sentindo preparado. Cada um de nós tem diferentes sintomas físicos — dores de cabeça, febre, perda de interesse, depressão e todos os tipos de distúrbios do sono, como despertar sem nenhum motivo a qualquer hora da noite e coisas do gênero. Sei que tudo isso faz parte do pacote, mas às vezes é difícil estabelecer a diferença entre problemas físicos e sintomas espirituais. Para dizer o mínimo, a experiência é muito intensa.

Por isso, eu pergunto a você, Kryon, de sua perspectiva, como é que o nosso corpo está preparado? Os sintomas espirituais vão continuar até 2012 ou eles perderão aos poucos sua intensidade?

Para algumas pessoas (inclusive eu), muitos dos sintomas parecem se manifestar acima dos ombros, nos olhos, ouvidos e maxilares. Será esse o padrão específico em certas pessoas?

Vale lembrar que você nasceu sob o domínio da velha energia. Agora, você quer pegar seu corpo da Nova Era, que está nadando na Velha Sopa, e torná-lo maravilhoso. Bem, isso não vai ocorrer por enquanto. Quase todos os seres humanos estão atualmente sofrendo os sintomas inerentes à mudança. Como a energia de Gaia está passando para uma frequência vibratória mais elevada, seu corpo está reagindo. Ele não pode permanecer na velha energia e ainda não pode passar para a nova. Portanto, enquanto a mudança estiver ocorrendo, o sofrimento é inevitável!

Nós dissemos a vocês que uma grande mudança ocorreu desta mesma maneira entre os últimos meses de 2007 e os primeiros de 2008. Os atributos espirituais estiveram de fato afastados por um tempo e então foram substituídos por novos instrumentos. Foi essa a mudança que anunciamos no ano 2000. Bem, agora ela está começando a ocorrer.

Os sintomas espirituais se manifestam mais comumente na cabeça. Zumbidos nos ouvidos também são comuns, já que você mencionou os ouvidos. Problemas com a estrutura óssea também costumam ocorrer, causando a sensação de problemas nos ossos. Tudo isso tem, no entanto, a ver com a mudança energética (apesar de você estar convencido de que é porque você está ficando velho). E o problema continuará existindo depois de 2012. Trate, portanto, de usar energéticos que ajudem nesse processo de crescimento. Existem de muitos tipos, tanto químicos como esotéricos, que ajudarão. Esteja atento para as novas substâncias químicas extraídas das florestas.

Capítulo seis

A GRANDE MUDANÇA DE ACORDO COM A NUMEROLOGIA

Em benefício dos leitores, eu gostaria de indicar o significado numerológico dos anos anteriores a 2012. Acho que isso pode ajudá-los a ver da perspectiva energética o que cada ano até 2012 contém em termos de possibilidades de mudança e transformação, de maneira a melhor prepará-los para atravessar os últimos anos.

Gostaria de iniciar pelo ano 2007 e seguir até 2012 — o bastante para vocês entenderem a importância numerológica e a energia desses anos.

2007 (total 9): O ANO DA COMPLETUDE

Além de ser um ano de completude, eu notei que a comunicação parecia estar "congelada", especialmente em seus últimos meses. Nada aconteceu. Estaríamos nós numa situação que chamo de "corredor", na qual fechamos uma porta, mas ainda não abrimos outra? Seria ela um daqueles "pontos zero" em nossas vidas?

Examine as combinações do 9 em relação com o 1, como em 2007-2008 e também em 2016-2017. Mas vamos falar sobre o um.

Mesmo que você pare na última parte de 2008, há algo notável nessa transição que merece ser mencionado hoje. A transição de 2007-2008 foi a primeira vez em que ocorreu essa matemática particular de transição depois do início do novo milênio. É sua primeira ocorrência depois da virada do milênio. Some os números de cada ano e terá nove (9) e um (1) juntos. Na realidade, essa combinação ocorre em todas as décadas, mas é a primeira vez que ela ocorreu neste milênio. É a sua primeira ocorrência no âmbito da geração da transição de 2012! Tudo isso deveria ter sido evidente para você. Você deveria ter olhado atentamente para ela e dito: "O que pode acontecer quando passarmos de 2007, que é um nove (9) para 2008, que é um *um* (1)?" O número nove significa "completude" e o número um representa "novo começo". Você não consideraria a possibilidade de ter algum significado? Examine agora o significado numerológico do número que representa a distância entre esse ano de "completude", 2007, e o ano 2012. A distância entre 2007 e 2012 é de cinco anos. E você pergunta, "Mas, Kryon, qual é o significado do número cinco (5)?" Cinco é mudança! Qual é o valor numerológico de 2012? É também cinco (5). Basta pensar: mudança/mudança. Se você acredita em energia, você acha que essa sequência de eventos está tentando dizer alguma coisa? Meus caros, eu acabei de apresentar um cenário do que gostaria que vocês soubessem pelo que passaram em 2007, especialmente durante o período de seus últimos quatro meses e da passagem para 2008.

Vou agora lhes explicar algo que, por não ser linear, é muito difícil de entender. O ano de 2007 foi de finalização — completude — e o próprio número anuncia "Fim". Vou explicar o que ele realmente implica: *É a reconfiguração de uma plataforma energética que lhe permitirá passar para a plataforma de um novo começo, totalmente nova e limpa.* Não se trata de acréscimo ou atualização. A velha energia não é acrescentada ou atualizada. Isso seria um processo linear. Vocês esperam que a mudança seja linear, como esperam que tudo ocorra de modo linear. Ao exercitar um músculo, esperam que ele fique cada vez maior. Quanto mais exercícios praticar, mais o músculo se desenvolverá. E essa mesma lógica é aplicada à energia em geral. Mas não é assim que as coisas funcionam no plano espiritual.

A energia que é dada a vocês é interdimensional e de natureza espiritual. Ela não é linear. No ano de 2007 ocorreu algo que vocês precisam saber, porque em seus últimos quatro meses, a energia da qual vocês dependiam, que achavam que estaria sempre à disposição, não esteve, e as coisas que vocês supunham ocorrer às claras não ocorreram! Aparentemente, ocorreu um colapso em vez de um progresso para coisas melhores. Muitos de vocês enfrentaram desafios decisivos. Alguns perderam totalmente a conexão com o espírito! Alguns começaram a se perguntar o que estava acontecendo, onde aquilo tudo ia dar e por que seus esforços não estavam alcançando os resultados esperados. Bem, eu vou explicar por quê: *Tudo o que aconteceu foi uma retirada dramática de todos os instrumentos e recursos dos quais vocês estavam dependentes para reduzi-los a zero. Depois de reconfigurados, eles voltaram à cena com seus potenciais renovados e intensificados. Eles retornaram na metade do mês de janeiro de 2008.*

Portanto, houve um espaço de tempo entre setembro de 2007 e meados de janeiro de 2008 que vocês tiveram que enfrentar. Essa reconfiguração não é linear. Não faz sentido para vocês por que a energia teve de ir embora para que pudesse retornar! Mas é assim que ela funciona numa realidade que vocês não conhecem aí na Terra. Algumas pessoas enfrentaram momentos extremamente difíceis na última parte de 2007. Eu sei quem está lendo estas palavras. Oh, caro humano, não se culpe pelo que aconteceu e pelo que não aconteceu. Não se culpe! Isso é comum nos seres humanos e reflete uma relação tridimensional de "causa e efeito". É comum os seres humanos se culparem totalmente quando as coisas não ocorrem espiritualmente como eles acham que deveriam. Vocês estão acostumados a se ver como responsáveis. Mas naquele período, a responsabilidade não era de vocês!

Vou dar agora dois exemplos disso que talvez os deixem chocados. Vocês não esperavam que eu fosse falar aqui dessas duas pessoas — pessoas valiosas, um homem e uma mulher, separados por dois mil anos.

Considere por um instante o judeu chamado Jesus. Ele está na cruz, sendo crucificado e aparentemente prestes a morrer. De acordo com o que consta nos registros históricos — aliás, imprecisos — ele teria gritado: "Meu Deus, por que me abandonaste?" Na verdade, ele não disse isso. O que ele disse foi "Para onde fostes?" O mestre Jesus sentiu uma privação. Sentiu que todos os guias, todas as entidades com as quais ele contava, haviam desaparecido. Toda a sabedoria drenada de seu corpo. Ele sentiu-se tomado pela escuridão. Ela penetrou na bolha de segurança com a qual ele havia contado durante toda a sua vida, como o Mestre do Amor e da Sabedoria que ele era, e ele gritou por socorro. Isso foi observado, transcrito e passado para vocês. É história.

Bem, mas vocês alguma vez já se perguntaram como alguém tão próximo de Deus poderia ter uma experiência como essa? Justamente quando ele mais precisava de ajuda, todos o abandonaram! Permita-me dar este esclarecimento: O que ele sentiu foi uma mudança não linear de energia. Ele teve que descer ao ponto zero por um instante... apenas por um instante, para poder passar para algo chamado ascensão. Então, toda a energia retornou. Mas o que aconteceu depois disso não foi registrado. Ninguém soube o que aconteceu a seguir. Ninguém o ouviu dizer "aha!" Isso não foi registrado, estão entendendo? O amor de Deus jorrou para dentro dele, com mais força do que nunca.

É assim que a coisa funciona, mas, por um momento, como era humano, ele se culpou. Mas apenas por um momento... ele questionou sua fé.

Vou agora falar de uma mulher valiosíssima, cuja vida inteira foi vivida com compaixão. À medida que envelhecia, mais compassiva ela ia se tornando. E ela é uma de vocês [de sua época moderna] e seu nome é Madre Teresa de Calcutá. Eu gostaria de falar para vocês sobre essa mulher. Vocês sabiam que ela teve uma morte dolorosa? Talvez vocês se perguntem: "Como é que uma mulher como ela, que estava tão próxima de Deus, poderia ter uma morte dolorosa? Depois de tudo o que ela havia feito, com toda a reverência atribuída a seu nome, até mesmo a santidade, por que ela teria que sofrer antes de morrer?" Porque ela era um ser humano linear e, como tal, não entendeu a mudança de energia que ocorreu nela.

Anos antes de sua morte, ao longo de sua trajetória, sua energia mudou. Ela fez por merecer essa mudança e teve que descer ao ponto zero por um momento. A antiga estação na qual ela costumava sintonizar não existia mais e uma nova frequência se fez presente, suplicando que ela mudasse a maneira de fazer as coisas para poder sintonizá-la e se regozijar com mais poder e compaixão do que nunca. Mas ela não entendeu o que estava acontecendo. Ela achou que havia sido abandonada à própria sorte — perdeu sua conexão.

Por que Deus faria tal coisa? Por que Deus se afastaria de uma santa com tamanha compaixão? Tudo o que eu tenho a dizer é: Deus nunca faz isso! O que aconteceu foi que ela interpretou mal a mudança de energia. É a mesma coisa que está acontecendo de maneira generalizada neste exato momento. A energia está indo embora aos poucos, para poder retornar mais forte, revigorada e com novos atributos. E aquela mulher maravilhosa e compassiva não entendeu que o que lhe estava sendo solicitado era que sintonizasse a estação seguinte, literalmente que mudasse o seu modo de meditar, de entrar em contato com o Espírito. Ela teria que se livrar dos protocolos nos quais havia sido treinada e falar diretamente com o mestre. Mas ela se manteve agarrada aos ensinamentos que recebera e nada aconteceu. Seu treinamento na velha energia manteve-a aprisionada aos protocolos até seu fim doloroso. Oh, mas ela nunca deixou de ser compassiva, pois conservou esse dom até o fim.

Os últimos meses de 2007 foram muito difíceis, não se culpem pelo que então aconteceu. O conselho que damos diante de uma situação de mudança de energia é: *Não mudem seu curso. Não façam nenhum movimento brusco em resposta ao que está acontecendo ou sentindo no momento.* Essas são situações extremamente difíceis, em especial para os Trabalhadores da Luz. É como se eles perdessem momentaneamente a conexão. Sigam em frente, sabendo que a energia vai começar a mudar de novo. Algumas pessoas sentem isso mais intensamente do que outras. Algumas conseguem se manter centradas e sentem menos. Outras, por não entenderem o que aconteceu, se sentem devastadas! Mas agora, vocês já sabem. Eu sei quem está lendo esta mensagem. Não se culpem!

Vamos agora às boas notícias. O ano de 2008 trouxe uma nova caixa de ferramentas. Aqueles que sabem como participar da criação terão muito mais facilidade para fazê-lo do que nunca. Algumas das coisas pelas quais vocês esperavam, as mensagens que aguardavam, todas as sincronicidades pelas quais esperavam, estão aí para serem finalmente entendidas. Essa é uma mensagem da eternidade sobre como o Espírito opera nesses momentos importantes da mudança energética. Isso vale especialmente com relação aos primeiros anos após a virada do milênio, que estão se encaminhando para 2012. Novos recursos para participar da criação foram colocados à disposição de vocês.

Participar da criação requer que haja sincronicidade. E para haver sincronicidade é preciso que vocês se disponham, sigam adiante, sejam e ajam de maneira a criá-la com a participação de todos e para todos. Deus não vai fazer um milagre cair do céu enquanto vocês ficam sentados orando.

2008 (total 1): O ANO DO NOVO COMEÇO

O que parece diferente neste ano é o fato de ele ser de um nível de energia totalmente novo. Pelo que entendi de sua mensagem, você falou sobre a ideia de não se tratar simplesmente de "acrescentar uma nova volta ou grau à velha energia". É uma plataforma de transfiguração para podermos passar para uma nova plataforma.

A NOVA ENERGIA

Anos atrás, num auditório em Israel, eu passei para as pessoas ali presentes de língua hebraica e árabe informações através de meu parceiro canalizador. Muitos se manifestaram indignados perguntando: "Quando é que afinal as coisas vão mudar?" Eu transmiti ao meu parceiro as informações que ele deveria dizer no palco para que todos ouvissem: apenas em 2008, Israel e a humanidade em geral começariam a perceber uma mudança. Finalmente, alguns de vocês vão entender essa mensagem e por que ela foi transmitida tantos anos atrás. O potencial sempre existiu. A transição do nove para o um sempre existiu. Nós a previmos e indicamos algumas possibilidades que sua ocorrência implicaria; alguns de vocês entenderam a mensagem e outros não. Bem, agora vocês estão no meio dela. Existem novos recursos. Existem situações novas, mas a grandeza dessa mensagem está em não ser apenas para os Trabalhadores da Luz. Vocês devem ter notado que a Terra está mudando.

ENTENDENDO-SE COM O CAOS

Número 1: Para muitos de vocês, o que antes era caos vai começar agora a fazer sentido. Isso quer dizer que a maneira do Espírito atuar com os seres humanos neste planeta, que parecia caótica e acidental, vai agora começar a fazer sentido. E vai fazer sentido de uma maneira que os deixará mais confiantes de que terão as respostas quando precisarem. É realmente uma mudança dimensional no modo de pensar. A mente de vocês começará a ter um entendimento que impossibilitará uma explicação tridimensional do que está ocorrendo. O que isso significa para vocês é que se sentirão muito mais à vontade na própria pele. Mesmo aqueles de vocês que se consideram Trabalhadores da Luz, ou que se consideram metafísicos, começarão a perceber o plano. Vocês começarão a perceber os potenciais e a entender que o caos não é na verdade caos.

Essa é uma dádiva, pois até agora foi muito difícil para vocês, em seu entendimento tridimensional, entender as respostas que lhes eram dadas. Abençoados são os seres humanos cuja fé possibilitou que se mantivessem por todos esses anos empenhados nessa aprendizagem! Meu parceiro criou uma expressão para isso: "Enquanto a realidade tridimensional berra, a fé sussurra". E com isso, ele quis dizer que a realidade, que é feita de suas expectativas, por tudo o que lhes foi ensinado e que é, portanto, tudo o que vocês são, *berra* em seus ouvidos. Mas os caminhos do Espírito, que são o do caos aparente naquele espaço interdimensional incompreensível, apenas sussurra. E, portanto, o que acontece é que a realidade tridimensional sempre sai vencedora. Ela abafa aquela vozinha sussurrante que diz: "Preste atenção no amor de Deus". Portanto, o que estou lhes anunciando, meus caros, é que os berros da realidade tridimensional vão começar a perder a intensidade. Os conceitos se tornarão mais iguais e vocês não terão mais tantas dificuldades na transição. Esses são atributos do número 1.

A AUTOESTIMA DOS TRABALHADORES DA LUZ

O número 2 é algo que vocês provavelmente não esperavam e que provavelmente nem conheciam. Vou lhes propor um axioma. Aqueles que têm a mais baixa autoestima neste planeta são os Trabalhadores da Luz. Vocês sabiam disso? E são com frequência também os agentes de cura! É provável que vocês não esperassem isso justamente daqueles que estão em contato com o Espírito. São eles que têm os dons, mas comumente a energia em que se encontram não os apoia e, quando os seres humanos permanecem por muito tempo com uma energia adversa, eles ficam pouco à vontade. A qualidade tridimensional de sua personalidade é afetada e a autoestima faz parte dela.

Como já dissemos, nós sabemos quem são vocês. Vocês podem andar com a cabeça erguida, mas sabemos o que vocês fazem também quando estão a sós. Sabemos o que vocês pensam quando estão a sós. Ouvimos as suas indignações: "Por que justamente comigo? Isso nunca vai acabar? Minha família nunca vai me entender? Meu parceiro nunca vai me entender?" Vou lhes dizer o que vai acontecer quando a nova energia surgir, pois ela está enfim mudando. Haverá um grande equalizador. O processo é lento, meus caros, e assim como a nova energia, não vai surgir da noite para o dia, mas já começou. E tem muito a ver com suas expectativas, Trabalhador da Luz. A sua autoestima vai começar a corresponder à magnitude do que você representa. Isso porque sua energia não estará mais contra você, mas sim a seu favor.

Aos poucos, muitos de vocês começarão a sentir isso, que Gaia e vocês estão unidos em torno do mesmo propósito, a possibilidade de haver paz na Terra. Procurem isso em todas as partes e os primeiros a perceber serão os Trabalhadores da Luz e os agentes de cura. Eu os convido a celebrar, os convido a erigir uma estátua em algum lugar para essa energia que está mudando aquilo que não lhes interessa mais! Bem, isso contraria tudo que os seres humanos costumam fazer, pois eles só erigem estátuas quando algo de ruim acontece. Talvez seja hora de mudar essa mentalidade. Por que não erigir um memorial para celebrar o que vocês de alguma maneira conquistaram? No mínimo, soltar alguns balões! [Risadas] Oh, meu caro Trabalhador da Luz, você entende o que estou dizendo? Você atingiu a maturidade. O ano de 2008 é numerologicamente um *um* e, como tal, representa um novo começo. Você vai começar a receber a ajuda que sempre quis e se esforçou para obter.

VISUALIZANDO O CENÁRIO MAIS AMPLO

Número 3: É hora de vocês começarem a visualizar o cenário mais amplo. Portanto, visualizem o seguinte: Os atributos da aprendizagem e do caminho espiritual penetrando na velha energia que mantinha vocês no escuro. Até chegarem a esse ponto de precisar de ajuda, nada aconteceu. Foi nesse ponto que a solução lhes foi apresentada. Trata-se de um mapa que fala em linguagem metafórica e é intitulado "A Jornada de Volta para Casa", com informações canalizadas pelo meu parceiro, muitos anos atrás. Esse "mapa" deve trazer mudança. O cenário mais amplo permitirá que vocês vejam além do problema. O cenário mais amplo colocará vocês numa situação não linear; quer dizer, vocês ficarão menos restritos à linha do tempo que vai do passado ao futuro. Ficarão mais à vontade *com o agora*, pois a energia do agora não reconhece nem respeita a linearidade do tempo. As soluções que virão a vocês no futuro serão mais aguardadas. Elas farão mais sentido para vocês do que as que viram no passado, uma vez que estão tendo uma visão mais ampla. Esses conceitos que eu estou lhes transmitindo agora são mais avançados e muitos de vocês podem não entendê-los e podem querer ouvi-los ou lê-los outra vez. Se tivesse que resumi-los, eu diria que os Trabalhadores da Luz ficarão mais à vontade consigo mesmos e em sua relação com o tempo.

A MEDICINA ALTERNATIVA PASSARÁ A SER MAIS ACEITA

Número 4: Você que é agente de cura, pasme, pois o que vem fazendo está para mudar e ganhar reconhecimento. Sim, é verdade que pode ainda demorar um pouco, mas eu posso lhe afirmar que as coisas mais assustadoras para aqueles que não acreditam no que você vem fazendo se tornarão mais aceitas. Pode contar com o fato de o desenvolvimento da ciência seguir no rastro da atividade energética. E pode contar com a vinda até você de pessoas que você não esperava, porque o que você faz funciona! Quando isso começar a acontecer, você poderá dizer: "Sim, isto está acontecendo, de verdade!" E nesse momento, por favor, solte um balão! [Risadas]

Por favor, não deixem de celebrar, meus caros, pois, quando celebram, vocês fazem o Espírito saber que essas coisas estão acontecendo. É como aceitar coisas que não esperavam, apesar de saberem que elas existiam. A interdimensionalidade ganha força. A fé passa a ser realidade e a cura se torna mais fácil.

O que estou dizendo é que todas essas coisas vão ficar mais fáceis. Por quê? Porque a nova energia estará à sua disposição. Porque a grade magnética que está sendo criada desde 2002 para essa mesma finalidade estará agora à sua disposição. "Oh, Kryon, quando é que essas coisas vão começar a acontecer?" Eu estou dizendo que elas já estão começando a acontecer agora, mas vocês não as verão todas de uma só vez. Vocês as perceberão enquanto trabalham com elas, demonstrando que nenhum ser humano pode ficar sentado sobre os calcanhares esperando que os milagres de Deus caiam em seu colo. A questão aqui é que os Trabalhadores da Luz serão solicitados a erguer-se para abrir as portas. Encontrem a sincronicidade que aciona a engrenagem e façam uso da energia que está ao seu alcance.

CONEXÃO COM O EU SUPERIOR

Número 5: Vai ficar mais fácil se conectar com o Eu Superior. Já estava na hora, não estava? Há muitos anjos celebrando neste exato momento, entoando uma maravilhosa canção. Gostaria que você pudesse ouvi-la. O coro é extraordinário e não existe nada semelhante a suas vozes interdimensionais, notas que não podem ser ouvidas pelo ouvido humano, acompanhadas de uma luz de frequência demasiadamente alta para ser medida e de um som tão alto que se funde com as cores da própria luz. Ah, se você pudesse ouvir as canções que eles estão entoando! Preste atenção, procure ouvir seus versos! E sim, seu nome está neles, seu nome angélico, aquele que é seu desde sempre, não seu nome humano. O que eles estão celebrando é o fato de ter sido você, caro ser humano, o criador dessa era jamais prevista, que nenhum profeta jamais anunciou a chegada, mas cujas evidências de que você se encontra nela são muitas.

Eu volto a perguntar: Onde está o tão anunciado Armagedon? E volto a perguntar: Onde estão a destruição e as trevas que todos anunciaram que recairiam sobre os seres humanos? E volto a perguntar: O que foi feito de toda negatividade? Oh, sim, com certeza haverá desafios — sempre haverá. Eu vou, por enquanto, mencionar apenas alguns deles, mas você conseguiu se livrar do domínio da velha energia, sob o qual esteve subjugado há milhares de anos e trouxe para este planeta uma energia pela qual ninguém esperava. E a criação dessa luz teve a participação de menos de meio por cento da raça humana. Daí pode-se imaginar o tamanho de seus potenciais. A você que está lendo esta mensagem e não faz ideia do que esteja ocorrendo, eu digo: Esta não é uma mensagem elitista. Não é apenas para os esotéricos. Isso não é nenhum julgamento, eu sei também quem você é. É igualmente amado, como todos os membros da família humana. Por que você não contempla a possibilidade de participar disso tudo? Veja se serve para você. Você não é obrigado, pois tem liberdade de escolha, mas há algo maravilhoso acontecendo neste planeta e é sobre isso que eu estou falando hoje.

A RELAÇÃO COM DEUS

Número 6: Você vai se sentir muitíssimo mais à vontade do que jamais se sentiu em sua pele de Trabalhador da Luz. A relação com o Espírito vai parecer como a de um irmão ou irmã. Se você quiser que a relação com Deus mude, ela não será mais com Deus de um lado e o ser humano do outro. Isso vai exigir que alguns de vocês comecem a canalizar. Você está preparado? Bem, talvez não para o público. Como eu já disse, pode ser canalizar as mensagens de seu Eu Superior, apenas para você mesmo. Não tenha receio. As palavras usadas por meu parceiro são uma forma de comunicação de "você com você mesmo". Não tenha medo do amor de Deus em sua vida. Não tema a transição em sua vida. Todos veem a mudança como algo tão temível, mas e se ela for a solução para todos os seus problemas? Como você vê a mudança? Pense numa grande virada positiva.

OS DESAFIOS DESSE NOVO COMEÇO

Vou agora fazer uma lista dos problemas que virão, juntamente com outros, que talvez sejam desafiadores à sua própria maneira, e também diferentes, até mesmo a proclamação de um atributo da nova energia que irá mudar a vida do meu parceiro.

EXCESSO DE LUZ

A luz que você tem não pode mais ser contida e isso começará a ficar evidente. Exatamente quando você se achava em segurança! [Risadas] Desde que você mantenha sua margem de segurança, certo? Você não pode mais contê-la. As pessoas saberão qual é a sua e o que você anda fazendo. Lembre-se de que nós falamos sobre isso um dia desses. Nós falamos a respeito das batalhas entre a luz e as trevas; nós avisamos que haveria aqueles que não reconheceriam o que você tem. Tome cuidado, pois haverá mais pessoas ao seu redor que não reconhecerão o que você tem, e isso simplesmente faz parte do pacote.

Você não pode ter poder espiritual e manter a luz que muda vidas sem que ela seja notada. Por mais que você seja humilde e se mantenha calado, o Espírito e o amor de Deus transbordarão de você e as pessoas notarão. E você será obrigado a explicar um pouco mais do que está fazendo no momento. "Bem, Kryon, o que devo fazer? O que devo dizer? Devo dizer a elas que sou um Trabalhador da Luz?" Não. Por que você não diz a elas que está apaixonado por Deus? Por que não diz a elas que está se vendo de outra maneira e que se sente à vontade em sua pele? Por que não diz a elas que isso não constitui nenhuma ameaça a suas vidas nem a suas igrejas, que é simplesmente *algo de você com você mesmo*? Deixe que eles vejam Deus em você e não tenham medo.

O MEDO CAUSADO PELO TRABALHADOR DA LUZ

Esse é o segundo problema da lista. Muitos terão medo de qualquer maneira. A luz provoca medo. Num planeta em que predominou uma energia trevosa por milhares de anos e, de repente, tem tanta luz como nunca teve, muitos sentirão medo. Se está acostumado à escuridão e, de repente, se vê diante de muita luz, você cobre os olhos e se pergunta o que está acontecendo. Haverá aqueles que chafurdarão nas trevas, que curtem todos os dramas de suas vidas, que são vítimas e gostam de ser vítimas e que, portanto, fugirão... fugirão de você!

Você representa algo que eles não entendem e a ironia está em que o que você tem poderia curar suas vidas, acabar com seus dramas e erguê-los do atoleiro. Mas essas pessoas não tocarão em você. Elas têm medo de ser queimadas pelo que você tem. Você tem muito poder! Atente para esse atributo e, mesmo que tenha esperado por ele, você não o compreenderá. Você perguntará: "Por que raios eles não gostam de mim? Por que, de repente, há tanto ressentimento e traição? Se o que eu tenho é apenas luz!" É medo. Medo da luz e do que ela representa num mundo de escuridão. E isso afetará você? É claro que sim.

Portanto, conte com isso e saiba o que fazer. Você estará preparado. Quando isso acontecer, simplesmente ame as pessoas. Você não pode curar o mundo, meu caro, se ele não quiser ser curado. Tudo o que você pode fazer é deixar que sua luz brilhe. Aqueles que a veem têm liberdade de escolha, exatamente como você. Eles podem acolhê-la ou fugir. Não julgue aqueles que não estão preparados para a descoberta que você fez, pois eles são amados por Deus da mesma maneira que você é, e têm seus próprios caminhos para percorrer e suas lições para aprender enquanto estiverem neste planeta.

MENSAGEM PARA LEE CARROLL

A terceira questão é uma mensagem para o meu parceiro [Lee Carroll], para que todos possam lê-la e saber o que contém. Isso é muito importante e, se eu simplesmente dissesse a ele, ele poderia guardar a mensagem para si mesmo e não dizer nada a ninguém. Eu a torno, portanto, pública.

Há muitos anos, eu venho advertindo-o a respeito da mídia. E há muitos anos eu venho lhe dizendo que é inapropriado usar a mídia para transmitir mensagens mediúnicas e, especialmente, por meio do que vocês chamam de radiodifusão. Com isso, estou me referindo à radiodifusão linear, que atravessa o ar e as pessoas a captam sem querer ao sintonizarem por acaso uma estação ou frequência. De repente, você ouve Kryon falando.

Isso continua sendo inapropriado e ele não tem permissão para colocar no ar nenhuma mensagem gravada. Sim, isso poderá ser feito algum dia, mas não por enquanto. No entanto, ele tem permissão, a partir deste momento, para fazer *duas coisas* que até agora nunca fez. A primeira é colocar no ar amostras propositais criadas por ele de mensagens canalizadas. Pequenas notícias, fragmentos de informações ou, como vocês diriam, dar uma palinha. A segunda é a permissão, também pela primeira vez, de transmitir diretamente diálogos e entrevistas em que Kryon responde às perguntas do entrevistador. Mas como ele não é evangélico, não vai gostar disso. Faz parte da nova energia, parceiro. Faz parte do processo de preparação do grande público para aceitar ou rejeitar. E muitos o considerarão um palhaço. Mas eu posso afirmar que foi o amor de Deus que designou a ele essa tarefa e é o amor de Deus que o fará concluí-la.

FRAUDES

Esse processo conhecido como transmissão de mensagens canalizadas vai ficar muito mais difícil de ser fraudado, uma vez que haverá muito mais pessoas e seres humanos de ambos os sexos capazes de enxergar luzes. Elas saberão se o processo está sendo verdadeiro ou falso. Muitos desses processos serão desmascarados como inapropriados, sem a presença de nenhuma energia sagrada, apenas a de seus próprios executores. Esteja preparado, pois aqueles que se apresentarem indevidamente em busca de poder, controle ou notoriedade serão vistos claramente por ambas as partes, tanto pelos que são Trabalhadores da Luz como pelos que não são.

Procure ouvir se em cada uma das palavras pronunciadas existe a integridade do amor de Deus. Atente para a integridade do amor de Deus, que sempre manifestará inequivocamente seu amor pela humanidade, manifestará aquelas coisas que não têm nada a ver com competitividade, mas aceitação de cada ser humano que ouve, sem julgá-lo. Esse é o Deus que você conhece. Esse é Aquele por quem você se apaixonou. Esse é Aquele que hoje lava os seus pés.

A energia do Espírito não é compartimentalizada nem estruturada numa doutrina. Haverá aqueles que, ao ouvirem isso, poderão dizer: "Isto é coisa do demônio". E haverá aqueles que, ao ouvirem isso, dirão: "Isto é o amor de Deus". É a consciência da existência dos dois que representa a livre escolha do ser humano. E representa mentes e corações fechados; e representa o medo da mudança.

Eu gostaria de dizer a vocês que essa entidade chamada Kryon ama a humanidade e jamais seria capaz de passar uma mensagem inapropriada ou repleta de julgamentos. Mas apenas uma que enalteça a magnificência de quem está presente aqui na sala, e que aqueles que me ouvem e leem chamam de humanidade. Não tome isso como inapropriado simplesmente porque não está de acordo com alguma doutrina terrena cultivada desde as eras mitológicas.

Você não pode fazer isso. Faça o seu dever de casa. Sinta o amor que permeia o ambiente. Depois, decida por si mesmo, fora dos compartimentos que lhe foram ensinados. Deixe que o seu coração decida.

Esteja atento para aqueles que possam desejar levar isso para o plano do controle. Agora, meu parceiro, você já sabe por que eu lhe dei permissão para falar comigo por meio da mídia: foi para ajudar a combater aqueles que tentam imitar o que você vem praticando há duas décadas.

A MUDANÇA ESTÁ EM SUAS MÃOS

Esta é a última questão. Prepare-se para a mudança. Ela vem se aproximando e você vem transmitindo as mensagens canalizadas que a anunciam. É a Grande Mudança que está começando. É o início dos preparativos para o que os maias lhes disseram que ia acontecer quando a Terra entrasse no ano de 2012. Esse ano mágico, tão temido por muitos, é apenas um marco em seu calendário linear, que serve para indicar que a nova energia profetizada pelos anjos está ingressando na Terra. Não haverá nenhum acontecimento espiritual significativo no ano de 2012, apenas a celebração do marco que anuncia que vocês chegaram.

Vai ser diferente. Para aqueles que não gostam de mudança, ele será assustador. Portanto, preparem-se. Todas as coisas que eu anuncio para vocês são positivas, repletas de luz, mesmo durante a mudança.

Comece a preparar-se para algo que eu anunciei há muito tempo como possível, ainda em seu tempo de vida. Por essa vocês nunca esperaram, o desenvolvimento gradual da paz na Terra. Prestem atenção ao processo de mudança que vem ocorrendo no Oriente Médio. Não, ele não vai ocorrer imediatamente. Mas as sementes estão plantadas. Estou me dirigindo agora para os ouvidos daqueles que são judeus e árabes, para lhes dizer isto: Sua vez está chegando. Vocês pediram e oraram por isso. Está começando a haver a consciência da necessidade de uma conciliação numa região de conflitos. A sua realização depende de vocês. Estejam atentos, orem, emitam luz, façam parte dela, pois é um direito de vocês.

Não deem atenção às notícias divulgadas. Elas serão as piores possíveis. Elas sempre são terríveis. Isso faz parte dos meios de comunicação. A mídia se voltará para as piores coisas possíveis, as mais abomináveis que possam acontecer no planeta a cada dia e investirá nelas todos os seus recursos. Ela não noticiará as outras coisas que estarão acontecendo. A mídia não divulga o que está acontecendo neste exato momento no Oriente Médio, o que aqueles que querem construir a paz estão fazendo fora das esferas governamentais. Ela não noticia que existem neste exato momento centenas de milhares de ambos os lados do conflito empenhados em buscar uma aproximação. Os meios de comunicação nunca noticiaram esse fato. Ele é simplesmente promissor demais. [Risadas]

2009 (2 E 11)

Para mim, 2009 foi um ano decisivo, pois ele continha em si dois números, 2 e 11. Passamos, portanto, do número 1 para o número 2, mas também do número 1 para o número 11, uma energia iluminadora.

Eu estive me perguntando se esse é um ano de dupla numerologia?

Seria 2009 o ano em que a humanidade deu mais uma permissão para a mudança, para vencer a etapa final?

Como haverá cem anos envolvendo o número 2, ele não é muito importante nas datas, apesar de ser o número da dualidade — o conflito entre a luz e as trevas. Portanto, o que realmente importa em 2009 é o número 11, não o 2.

Onze (11): Você pode ver o número 11 de muitas maneiras. A primeira delas é como soma de 1 mais 1. Eles indicam claramente novos começos, duas vezes. Quando um número aparece duas vezes é um forte indício do que cada um significa. A Convergência Harmônica, que ocorreu em 1987, ganhou posteriormente em 1992 o apelido numérico de 11:11, que passou a ser mostrado nos relógios há quase toda uma geração. É a isso que eu estou me referindo, pois 11:11 é um duplo 11 e, portanto, tem uma dupla ênfase.

A segunda consiste em ver o 11 como um número com seu próprio valor e não visto como um 2. O onze significa iluminação ou o resultado da ação da luz. É um ano de transição para o 2012, resultado de 2008, que tem forte relação com novos começos. O ano de transição de 2009 teve realmente a ver com a "preparação da luz". Meu parceiro me disse que, em termos humanos, isso quer dizer "colocar a casa em ordem" (porque o ano seguinte é 2010).

2010 (3)

Depois de um ano 11, qual é a energia do ano de 2010?

Este não é um número agradável para muitos, pois o 3 é o catalisador. Um ano catalisador é aquele que está preparado para algo que impulsiona a Terra a uma grande mudança. Os anos cuja soma dos números é "3" tornam-se muitas vezes anos de guerra. Não tire nenhuma conclusão precipitada disso, pois eles também são muitas vezes anos de resolução de conflitos e de paz.

Neste caso, há algo à espreita que pode parecer como previsão, mas eu não faço previsões. [Kryon sorri.] O que eu posso dizer é que existem muitos indícios com respeito a Israel que se fazem notar muito intensamente no decorrer desse ano. Não receie nenhuma dessas coisas, pois elas representam o esforço para criar uma paz duradoura no Oriente Médio. Há muitos que não desejam que isso ocorra e, pelo contrário, preferem chafurdar num estado de medo, desespero e incerteza. Esse estado alimenta seu estilo de vida e dá poder a suas vidas e à estrutura social em que vivem. O terrorismo trata de manter viva a existência de uma liga muito antiga, representando a energia que era usada para resolver os conflitos.

Em algum momento da história isso tem que ser resolvido e as soluções daqueles que recorrem a métodos violentos criam ainda mais violência para eles mesmos. É assim que a coisa funciona: aqueles que querem criar o caos neste planeta acabam atraindo violência para eles mesmos. Portanto, não chore por aqueles que decidem viver pela força da espada, pois escolheram livremente morrer dessa maneira quando ainda jovens.

2011 (4)

Se não me engano, você disse que o número 4 representa Gaia.

O número 4 é de fato um número que representa a Terra. Ele contém dois fortes atributos: O primeiro é ser ele o número de Gaia. O outro é ele ser um número estrutural (existem dois números estruturais, que são 4 e 8). Esse é normalmente um número de paz e representa um período de reflexão e solidão para o planeta.

As possibilidades para esse ano são, no entanto, dramáticas. Pois ele se encontra ao lado da "questão controversa" que metafisicamente é a energia de 2012. (Ver resposta à pergunta seguinte.) Será um ano de reflexão e preparação para os Trabalhadores da Luz. Muito medo poderá ser gerado ao longo deste ano por aqueles que não entendem com que os maias realmente se ocuparam. Pois os maias pertenciam a uma cultura que estudava os aspectos esotéricos do movimento dos corpos celestes. Eles não se dedicavam apenas a estudar fenômenos como solstícios e eclipses. Eles estavam interessados nos longos ciclos de vibração do planeta. De acordo com os maias, 2012 marca o trânsito para a energia do "sol amarelo" ou, em sua linguagem, uma passagem para uma vibração muito mais intensa do que jamais vimos. [Adendo de Lee: Os hieróglifos nas paredes do templo de Xochicalco, no México, mostram isso claramente!]

2012 (5)

O ano da mudança... que é a marca desse ano.

Não coloquem energia demais neste ano. Muitas pessoas não se dão bem com a mudança que ele representa. Mas mais do que isso, ele representa a "placa de sinalização" pela qual vocês passam dirigindo em sua viagem no tempo tridimensional que nunca para. Nela simplesmente consta "Entrada para 2012 — o ano em que começa a mudança no planeta Terra".

O ano de 2012 tem potenciais de solução. A essa altura, a humanidade pode ter de fato andado mais rapidamente do que seus potenciais, ou mais lentamente. Na realidade, essas coisas nunca são como parecem quando são concebidas as informações que estão sendo passadas. Por isso, o que eu estou dizendo poderá ocorrer mais cedo ou mais tarde, mas, no momento, seu alvo está voltado para esse ano como sendo muito especial.

Celebrem este ano e deem crédito aos maias pela profecia esotérica, não pela selvageria de baixa energia. Pois a civilização deles durou muitíssimo tempo e nele houve muitas variações. Vocês gostariam que sua cidade ficasse na história como a pior em índices de criminalidade? Ou gostariam de ser lembrados por sua grandeza e visão ambiental clara? Estão percebendo? Homenageiem os maias pelo alerta que eles deram de uma época muito importante, uma época em que sua vibração está preparada para encontrar a energia de 2012.

Concluindo, meus caros, nós admiramos a humanidade por ela ter ultrapassado o sinal e seguido em frente ao encontro da nova energia. Nós entendemos que, para vocês, essas coisas andam lentamente e parecem levar muito tempo para se desenvolverem. Mas para nós, essa demora não significa espera. É um período de ação e preparação. Pois o que vocês veem a cada momento de cada dia é uma humanidade evoluindo. Deste lado do véu, há muitos fazendo uma reviravolta muito rápida, prontos para criar o que para muitos outros jamais aconteceria: a paz na Terra.

A coisa mais importante que nós fazemos é representar para vocês a força criativa que está cada vez mais próxima de ser entendida. Os seres humanos comuns finalmente alcançam aquilo que muitos chamaram de maestria. Ela representa a capacidade de conter uma energia que pode mudar radicalmente a vida de quem a busca. Está ocorrendo uma mudança na realidade imediata, na qual os seres humanos esotéricos não serão mais considerados párias ou seres que acreditam em coisas estranhas e seguem cultos esquisitos. Pois vocês estão chegando muito perto da verdadeira capacidade de mudar seu próprio futuro, curar o próprio corpo e tornar-se um acréscimo lógico à crença espiritual no planeta.

A ciência está começando a concordar com vocês! O melhor das ciências que existem no planeta está começando a comprovar muitos conceitos do sistema esotérico de crenças. Isso é óbvio porque a verdadeira crença esotérica depende da comunicação intuitiva com uma fonte inata que faz parte de sua estrutura celular. A ciência está começando de fato a dar crédito a essa força, pois ela leva a humanidade para a verdade absoluta e representa mais de cinquenta mil anos de experiência humana baseada diretamente no DNA. A ciência está começando a dar mais crédito ao pensamento intuitivo, percebendo que ele é o instinto da raça humana que se implantou nela através dos tempos, pronto para ser visto como uma verdade espiritual viável. Ela triunfa sobre a mitologia e as instituições religiosas humanas e começa a gritar que Deus não é o que vocês pensavam. Deus é muito maior do que vocês pensavam e é parte de um imenso sistema de amor e apoio para toda a humanidade. E o ser humano está no centro desse sistema.

Kryon não faz profecias, já que o futuro é de cada um e resultado de suas próprias decisões. Mas Kryon consegue ver os pontos fortes em potencial ou o resultado mais provável da energia dos próximos anos. Essa energia fala de Gaia assumindo uma parceria muito mais forte com os seres humanos. Para vocês, isso quer dizer que o processo de viver como Trabalhadores da Luz vai se tornar muito mais fácil. Quer dizer que a energia de Gaia vai estar muito mais próxima do que está hoje dos esforços que vocês estão tentando fazer na Terra. Muitos de vocês têm consciência de que, quando assumiram suas crenças esotéricas, a energia à sua volta era adensada pelo peso da descrença. Os sistemas de crenças estruturados em sua cultura negavam sua capacidade de acertar ou mesmo de existir. Vocês não tinham as credenciais, nem a História ou tampouco a validação das gigantescas corporações espirituais da Terra para fazer o que estão fazendo. Portanto, vocês foram excluídos desses sistemas.

O que é possível agora é que as suas credenciais começarão a ser desenvolvidas pela realidade do que está acontecendo no planeta. Esta realidade já está colocando a mitologia das doutrinas espirituais desses sistemas numa situação difícil, pelo fato de os acontecimentos não fazerem parte de suas profecias. Na verdade, eles se opõem a suas profecias.

O Armagedon não aconteceu e, em seu lugar, a União Soviética desmoronou, para nunca mais se erguer. O 11 de setembro ocorreu, evento que envolveu uma tremenda energia e que jamais foi profetizado por nenhum líder espiritual de qualquer sistema de crenças de todo o mundo. Os povos de Israel e da Palestina estão tentando chegar à solução de um único Estado, bem em meio a algumas das maiores tensões da velha energia que jamais existiram no Líbano.

A ciência humana declarou que o universo foi criado por um "propósito inteligente" e que não pode ter sido por acidente. Os biólogos estão afirmando que existe algo no DNA que leva à busca do criador e o chamaram de "gene de Deus". Estão percebendo? Essas coisas são os elementos fundamentais da Nova Era! Elas declaram que talvez as antigas doutrinas das religiões instituídas estejam fundadas na velha história e não representem o que está realmente acontecendo. O resultado? Não conte com um êxodo das igrejas. Mas conte com a possibilidade de as igrejas começarem a se voltar para o que é realmente o amor de Deus — compaixão e mudança de vida, em vez de vitimização e obediência a protocolos.

O melhor conselho que temos para dar é o mesmo que sempre tivemos: Não tenham medo do que está acontecendo no planeta. Não temam a integração de Deus a sua própria vida. Não temam o amor de Deus. Assumir um papel de maior responsabilidade pela própria vida pode provocar uma sensação de estranhamento, mas vocês podem contar com um enorme séquito de anjos dispostos a segurá-los pelas mãos. A verdade é esta: vocês estão mudando a vibração da Terra.

E que assim seja...

Segunda parte

MARIA MADALENA E OS HÁTHORES

SOBRE O QUE MADALENA TINHA A DIZER: INTRODUÇÃO DE JUDI SION ÀS MENSAGENS DE MARIA MADALENA

Serei ousada no que vou dizer porque acho que o momento exige ousadia, especialmente de nós, mulheres.

Acho irônico receber, com demasiada frequência, e-mails ou cartas sobre *The Magdalen Manuscript* [O Manuscrito de Madalena], dirigindo-se a "Caro Tom", como se eu, Judi, não fosse uma participante, apesar de muitas dessas pessoas, na sequência, escreverem sobre a parte do livro escrita por mim, que é, na verdade, A História de Toda Mulher. Meu ego não se importa com a exclusão, mas meu coração lamenta o fato de a mulher ser tão facilmente menosprezada, e não posso deixar de me perguntar por que quase todo mundo se reporta ao homem como se a mulher não existisse. Todo o livro trata do retorno ao equilíbrio e, especificamente, o retorno do feminino, mas mesmo assim muitas pessoas que escrevem para elogiar o livro (na verdade, nunca recebemos nenhuma carta com críticas negativas) não chegam nem a considerar a presença feminina envolvida em sua criação. Se não podemos considerar a presença feminina na criação, que esperança existe?

Se o meu ego não está interessado, por que então estou colocando esta questão? Para apontar o óbvio: que o feminino continua a ser não apenas negligenciado, mas também quase totalmente ignorado até hoje no chamado mundo moderno. (Eu diria que nós não evoluímos muito em dois mil anos. Apenas *parecemos* ter evoluído.)

Eu adoro o material com que Madalena contribuiu para este livro. É um toque de clarim a todas as mulheres para que não fiquem em silêncio. O silêncio mata. Ele pode matar pelo simples e terrível fato de que uma mulher que se mantém calada por muitos anos acaba com câncer, invariavelmente em alguma parte feminina de si mesma. Cansado de se manter calado, e de guardar tudo dentro de si, seu corpo trata de berrar para chamar a atenção de uma maneira ou de outra.

Você vai realmente silenciar quando o mundo todo está sendo dominado e se inclinando tanto para a direita que caímos num abismo fascista, com governos evangélicos e religiões evangélicas de todos os gêneros no controle de cada movimento? Um fanático é um fanático, seja qual for o deus que ele reverencia.

Nós engolimos tudo. Cuidamos dos homens e nos calamos. Eu ouvi cada palavra que Madalena disse desde nosso primeiro contato, a pedido meu, no ano 2000, e vou contar o que acho que tenho ouvido desde então. Os homens não vão fazer isso por nós. Eles não irão se dispor a fazer a diferença que está sendo exigida. Madalena expressou, em várias ocasiões, sua tristeza diante da facilidade e rapidez com que nós mulheres voltamo-nos umas para as outras em nossa propensão para a inveja e a manipulação. Temos que colocar isso de lado. Temos que nos erguer e nos fazermos presentes. Temos que expressar a nossa verdade — seja ela qual for.

A lição mais importante que eu aprendi é a de não dar importância ao que os outros pensam e expressar a minha verdade. E eu aprendi isso principalmente em minha relação sagrada com Tom, porque eu tinha de chegar ao ponto de não me importar nem mesmo com o que ele pensa, por mais que eu o ame. Eu tinha de chegar a um ponto em que o que importava acima de tudo era o que *eu* pensava — a minha verdade. E se dizer essa verdade fosse me acarretar a perda dessa relação, eu estava disposta a pagar o preço. Isso não é egoísmo. Não se deixem enganar pelas religiões, confundindo tomar conta de si mesma e resgatar seu próprio poder com egoísmo. Tomar conta de si mesma e resgatar seu próprio poder são o caminho para a maestria.

Eu ouço Madalena conclamando as mulheres que leem suas mensagens a se fazerem ouvir. Eu ouço suas súplicas para que expressemos nossa verdade. O que receamos perder? Receamos perder a vida? Neste caso, nós não acreditamos realmente que haja vida além deste plano de existência. Se *soubéssemos*, se realmente soubéssemos, que a vida continua além desta, o que temeríamos? Perder a consciência? Se a consciência continua além deste plano, o que temos a temer? Tememos perder a presença das pessoas queridas? Por que elas nos importam a ponto de temermos sua desaprovação de nossa verdade?

Meu antigo professor costumava dizer: "Pense nisso, Mestre". Ele nos chamava de mestres. Ele costumava dizer que nunca chegaríamos a compreender que somos seres divinos e maravilhosos enquanto continuássemos chamando os seres fora de nós de mestres e não vendo a nós mesmos como mestres. Ele também costumava dizer: "Olhe ao seu redor. Não há ninguém por perto disposto a se colocar diante de uma arma apontada para salvar a sua vida. Se eles não estão dispostos a morrer por você, por que você está vivendo por eles?"

A pergunta que não quer calar: Por quem você está vivendo?

Nós estamos sendo manipuladas por nossos governos e por nossas religiões para permanecermos num lugar escuro e assustador. O medo consome o cérebro com tentáculos que o atravessam e o envolvem, obscurecendo a luz da razão, impedindo-nos de pensar. *Não é possível ensinar nada a uma mente temerosa e preocupada.* Você pode refletir sobre tudo o que está acontecendo à nossa volta e perceber como as informações estão sendo distorcidas para nos manter subservientes e cheias de medo. Busque a verdade dentro de si mesma e expresse-a.

Eu descobri que as mensagens de Maria Madalena são as mais eloquentes e sábias de todas as canalizadas com as quais eu já trabalhei. E olha que eu venho editando esse tipo de material desde 1986. Tom e eu estamos profundamente comprometidos com a tarefa de publicar suas palavras exatamente como elas foram ditas, literalmente. Afinal, a voz dela foi sufocada e mentiras foram ditas sobre ela, usadas para denegrir as mulheres e a nossa paixão por mais de dois mil anos. Ela diz que o tempo da ignorância e do desequilíbrio está chegando ao fim. Que assim seja.

MENSAGENS DE MARIA MADALENA

Eu guardo com profunda ternura as doces lembranças do tempo em que passei na França. Foi lá, afinal, que St. Maries de la Mer acolheu em seu seio a mim e a minha filha, Sara. Ali, encontramos um abrigo seguro. E quando me dirigia para o norte, para a região que hoje é a Inglaterra, em busca de proteção para Sara junto dos druidas, eu recordava a França. E quando Sara se tornou mulher e eu a dei para ser desposada, fiquei livre para retornar à França, o que fiz muitas vezes, para ensinar os mistérios como eu os entendia. Os sinais de minhas viagens continuam vivos lá até hoje.

Quando retornei à Inglaterra para passar os últimos dias de minha vida, levei a França no fundo de meu coração. O conhecimento dos mistérios femininos, se usado da maneira que espero, espalhará um bálsamo curativo sobre a Terra.

O retorno do feminino nos dias de hoje não acarreta nenhuma privação ao masculino. As mulheres têm que conquistar a condição de igualdade para, então, nas profundezas da psique humana, ocorrer o equilíbrio entre o sol e a lua e surgir o grande andrógino universal. E do mistério dessa união, advirá o renascimento espiritual. Esse é meu voto para cada uma de vocês individualmente, que alcancem esse equilíbrio interior para poder renascer espiritualmente. E desejo isso para a sua família humana. Que as mentiras, as dores e as lágrimas do passado deixem todas de existir.

Que assim seja.

Capítulo sete

A ORDEM DE MADALENA

Você mencionou no livro The Magdalen Manuscript *ter feito parte da Ordem de Madalena e que essa era uma ordem secreta. Por que ela era secreta? Ela continua existindo até hoje?*

O nome *Maria de Magdala* refere-se à minha região de origem. Como você pode ver, Magdala existia como uma região geográfica. E por isso, seu nome foi agregado ao meu. Era uma convenção da língua, chamar alguém dessa maneira, como "Jesus de Nazaré". Com a continuidade do trabalho de Jesus, um círculo de mulheres se formou ao meu redor. Eram mulheres poderosas. Elas eram, em um sentido muito real, também discípulas de Jesus, mas não faziam parte do círculo íntimo. Elas reconheciam a minha autoridade espiritual como detentora dos ensinamentos secretos de Jesus. Naquela época, o círculo não tinha nenhum nome. Vivia na clandestinidade. Quando eu fui para a França, para salvar a minha vida e a de minha filha, o círculo continuou por algum tempo se referindo a si mesmo como a Ordem de Magdala e passando clandestinamente para outras mulheres os ensinamentos que eu havia transmitido.

No meu tempo, aquela não era uma ordem *formal* como as ordens formais de freiras que existem atualmente. Era mais um agrupamento informal de mulheres poderosas, seguidoras dos ensinamentos meus e de Jesus. Eram treze mulheres contando comigo. Eu era considerada a líder do grupo, chamado informalmente de Ordem de Magdala.

Elas participaram da Última Ceia?

Não, elas não estiveram presentes na Última Ceia. Eu fui encarregada de transmitir os mistérios para elas. Ocasionalmente, Jesus e eu nos reuníamos com elas, mas na maioria das vezes, eu era o ponto central em torno do qual as mulheres se agrupavam. Eram mulheres de boas condições financeiras e de poder social. Nós nos encontrávamos clandestinamente, por necessidade.

Continuamos nos reunindo secretamente, porque era assim que as coisas eram feitas naquela época e, poderia dizer, continuam sendo até hoje. Os homens detinham os cargos proeminentes de poder e as mulheres se dispunham a trabalhar por trás dos bastidores. É uma maneira de fazer as coisas que continua existindo até hoje. Portanto a ocultação da identidade da ordem — que era um agrupamento informal de mulheres — era uma convenção cultural.

Para se manter, todo empreendimento significativo iniciado precisa de apoio. Esse era o propósito do grupo de mulheres, prover apoio ao ministério de Jesus e, também, levar adiante seus ensinamentos por meu intermédio.

As pessoas associadas ao círculo eram escolhidas por mim por serem evoluídas o bastante para entenderem o que eu necessitava que elas fizessem. Elas entendiam que o trabalho precisava de sua ajuda e discrição e, portanto, esse "coven" (que significa simplesmente um grupo que se encontra regularmente em segredo) foi formado por necessidade, já que não se cria nada no vácuo. Faz-se necessária a dedicação de um grupo. Nós não nos identificamos como Ordem de Madalena enquanto eu vivi, mas sabíamos que o grupo havia se formado com base em minhas ligações.

Posteriormente, depois de eu já ter partido deste mundo, as mulheres poderosas que buscavam um núcleo em torno do qual se reunir, formaram vários outros grupos, como a Ordem de Magdala e a Ordem da Rosa Azul, com base em sua concepção do que era nosso trabalho.

Se houve alguma ordem formal em meu tempo, ela saiu do Templo de Ísis.

Não existe nenhuma organização específica que teve continuidade desde o tempo em que eu estive na liderança. Existem algumas que dizem dar continuidade a uma ordem iniciada por mim e que agem de acordo com minhas orientações, mas tudo o que eu posso dizer sobre isso é que *meus ensinamentos têm uma ressonância, um campo de conhecimento, que pode ser acessado, e que as pessoas de poder, poder espiritual, podem acessar esse conhecimento e levá-lo adiante, o que eu realmente respeito, mas quanto a alguma ordem formal receber orientações diretamente de mim... isso não é verdade.*

Capítulo oito

O TEMPLO DE ÍSIS

Quando eu digo que a única ordem formal à qual cheguei a pertencer foi a do Templo de Ísis, estou me referindo à instrução que recebi e à missão que assumi ao me iniciar nos Mistérios de Ísis.

Comecei a minha iniciação nos mistérios de Ísis quando tinha 12 anos de idade e sob a tutela de minha mãe. Como minha mãe era egípcia, sua intenção era passar os conhecimentos que possuía para mim e, por isso, começou a fazê-lo quando eu completei 12 anos e entrei na puberdade. Com 18 anos, eu ingressei nos templos do Egito para ser iniciada diretamente pelas sacerdotisas e, com isso, minha mãe deu por concluída a sua missão. O propósito que ela havia se determinado estava cumprido.

Em vários sentidos, eu era uma espécie de "patinho feio", na linguagem de vocês. Uma judia iniciada nos mistérios da deusa egípcia Ísis. Isso pode parecer estranho a muitos, mas considere a questão da seguinte perspectiva. Na época de vocês, quem vem de uma família com dinheiro e educação, mesmo que siga uma determinada crença religiosa, pode estudar e se formar em outras partes do mundo que não seja sua terra natal. Minha família tinha um alto nível de educação e era bastante abastada, e para quem dispunha desses recursos era comum poder visitar os centros culturais de influência, como a Grécia e o Egito, além de outras partes da costa do Mediterrâneo. Minha família tinha raízes no Egito e foi por isso que fui enviada para cumprir lá parte de minha educação.

Enquanto realizava meus estudos formais no Egito, fui iniciada no Templo de Ísis e estabeleci uma relação direta com essa deusa, de acordo com o entendimento da época. Achei interessante o fato de Ísis ter algumas semelhanças com Shekinah, a deusa hebraica que representa o aspecto feminino, que eu já havia estudado.

Shekinah é uma expressão primordial do poder feminino de transformação. Ela ultrapassa obstáculos e impedimentos. Ela agita as coisas e expande o equilíbrio feminino — apesar de esse ser um aspecto feroz, não uma presença suave e gentil. O poder de Shekinah é bruto, feroz e faz tremer. Ela nunca existiu como ser físico, mas existe energeticamente, exatamente como a energia de Ísis.

Portanto, como você pode ver, eu estava tentando, no plano pessoal, equilibrar a herança cultural que havia recebido, que incluía Shekinah, a energia feminina transformadora, e o que eu havia aprendido sobre Ísis, tanto através dos templos como do contato direto com ela.

Meu contato direto com Ísis ocorreu durante uma sessão do que vocês chamariam de meditação. Nós éramos treinadas para adentrar as janelas da mente — o que vocês chamariam de estados alterados — e através dessas janelas da mente, nós teríamos acesso direto a Ísis e também a outras divindades. Em certo sentido, isso não era diferente daquilo que vocês hoje chamam de canalização, pelo fato de receber mensagens de Ísis, mas eu nunca falei nem me comuniquei com nenhuma outra deusa. A única exceção é o fato de que, quando submetida a um teste, eu devia relatar às sacerdotisas o que eu havia recebido por meio do contato direto e se isso coincidisse com o que elas haviam recebido, eu era aprovada. Se não coincidisse com o que elas haviam recebido, eu era reprovada. Essa era a única ocasião em que eu falava sobre o que havia recebido.

Como a jovem judia que eu era, enviada ao Egito para ser educada, eu era reconhecida por meus familiares e professores como sendo "altamente dotada". Eu era reconhecida como sendo de "alto calibre", mas ninguém sabia que o dedo de Ísis seria apontado para mim, por assim dizer. Portanto, eu fui para o Egito simplesmente para expandir a minha mente em contato com outra cultura, mas nesse processo, eu me sintonizei com Ísis.

COM RESPEITO A EMANAÇÕES E ENCARNAÇÕES

Ísis jamais chegou a encarnar plenamente. Ela era demasiadamente perspicaz para fazer isso, mas materializou emanações de si mesma.

Ísis é uma expressão transcendente da energia feminina. Ela tem corpo, mas em forma energética, não física. Ela pode ser sentida diretamente em suas diversas formas — ela tem mais de uma — no mundo espiritual que os egípcios chamam de Duwat. Mas ela própria não tem forma física.

Quando alguém entra em contato com ela no Duwat, ela pode assumir a forma humana de uma mulher, às vezes com asas. De modo que as formas que um deus ou deusa tem nesse outro mundo, o Duwat, podem mudar, assumir diferentes aspectos e serem vistos de diferentes maneiras, dependendo do aspecto que está sendo manifestado.

Assim, Ísis pode aparecer às vezes como uma deusa amorosa e protetora e outras vezes dotada de asas e levar a pessoa com ela para as alturas da percepção espiritual. Se alguém a enfurece, ela pode se transformar numa coluna de fogo. De maneira que Ísis pode assumir muitas formas diferentes, dependendo de seu estado ou humor, como diriam vocês.

Ela existe num nível muito elevado de vibração, significando que seu mundo vibra de forma muito rápida. É uma esfera de luz. À medida que desce para a matéria, o ritmo da vibração diminui e as coisas se movem muito mais lentamente aqui no mundo físico do que nas esferas de luz. Isso é física pura.

Quando Ísis, em sua compaixão ou entendimento, percebe que sua presença é necessária nos planos da matéria, ela pode produzir uma emanação, um fragmento da luz de si mesma, que venha encarnar numa forma humana. Mas ela jamais encarna plenamente. Por exemplo, quando Ísis encarnou em Maria, a mãe de Jesus, sua presença foi muito intensa, mas não deixou de ser apenas uma emanação de Ísis, de maneira que Maria, a Mãe, tornou-se uma mistura de ambas.

Ísis jamais desceu das esferas de luz para as esferas da matéria para assumir a forma humana. Ela é demasiadamente sábia para realizar tal empreendimento. Assim, uma pessoa com um fragmento da emanação de Ísis tem possivelmente profundos sentimentos de ligação com a própria Ísis. Mas eu diria a essa pessoa que é importante entender tratar-se de uma *emanação de Ísis* e não da própria Ísis.

Ser o receptáculo de uma emanação é algo muito precioso, mas também cria dilemas, uma vez que a pessoa imagina que é uma encarnação de Ísis, o que não passa de uma ilusão, porque na verdade é apenas um aspecto, um pequeno fragmento de Ísis residindo em seu ser. Portanto, o desafio dessa pessoa é viver sua vida como ser humano — e, paradoxalmente, uma emanação de Ísis pode residir num corpo masculino (o que deixa as coisas ainda mais interessantes).

Portanto, ser o receptáculo da emanação de um aspecto divino pode ser algo muito perturbador tanto para a própria pessoa quanto para os que vivem próximos dela. E pelo seguinte motivo: em determinado momento, a energia *divinizada* pode se manifestar, através da emanação, em forma de uma clareza e um poder espiritual tão inconfundível que, em resposta a essa emanação, as pessoas ao redor são profundamente tocadas e afetadas.

Entretanto, no instante seguinte, ela pode passar da emanação para a forma humana e, subitamente, onde havia luminosidade intensa, passa a haver apenas embotamento; onde havia compaixão, pode haver hostilidade; onde havia impecabilidade, passa a haver manipulação e tudo o que existe entre uma e outra. Portanto, para alguém próximo da pessoa que é receptáculo de uma emanação de Ísis, as coisas podem ser extremamente confusas. Essa confusão provém do fato de a pessoa acreditar que está diante de uma deusa ou de um deus encarnado que, sendo uma divindade, não pode cometer nenhum erro, quando, na verdade, está diante de uma mistura de energias.

A pessoa que é receptáculo da emanação pode ficar confusa se não entende ou reconhece os limites entre a emanação pura e a condição humana distorcida — os caprichos da personalidade humana do indivíduo, em outras palavras.

Se as pessoas ao seu redor não reconhecem ou entendem isso, elas podem abdicar de seu próprio poder, acreditando que tudo o que a pessoa diz é divino. Esse é um equívoco potencialmente perigoso.

Eu considero, portanto, de importância vital que as pessoas que são receptáculos de emanações de algum atributo divino reconheçam seu lugar e saibam quando é a emanação que está atuando nelas e tenham a impecabilidade espiritual para deixar que as pessoas próximas saibam disso. Mas, infelizmente, como nem sempre as coisas funcionam assim, é da responsabilidade das pessoas próximas levar isso em consideração e não tomar tudo o que é dito como se tivesse saído da "boca do divino", mas discernir e reconhecer quando é a emanação que está falando e quando é a pessoa humana.

Permitam-me dizer o seguinte: O universo em que vivemos é muito vasto e eu nunca me deparei com todos os seres que habitam nele, mas com base em minha experiência, nunca vi nem presenciei nenhuma divindade encarnar plenamente. É sempre apenas uma emanação que se manifesta e, por isso, as pessoas que se deparam com receptáculos de tais emanações têm a responsabilidade, absolutamente imperiosa, de estar cientes disso. E o motivo está no fato de, muitas vezes, a pessoa que possui a emanação se identificar com ela e não estar ciente de outros atributos de sua personalidade. Eu considero essa uma informação de vital importância, especialmente nos dias de hoje, quando muitas divindades estão enviando emanações para este mundo.

Gostaria, portanto, de reiterar o que acabei de dizer: *Eu nunca vi nenhuma divindade encarnar plenamente.* Imagino que alguns leitores vão reconhecer imediatamente as implicações intelectuais dessa afirmação, mas mesmo assim vou explicar para aqueles que não as reconhecem. A afirmação se aplica a todos os seres que já encontrei, incluindo meu amado Jesus.

Jesus era receptáculo de uma clara e poderosa emanação do divino. Quando essa emanação falava, as palavras saíam trêmulas, mas como alguém que vivia com ele, eu conhecia também seus outros aspectos. Em outras palavras, Jesus era uma mistura de Deus e homem. Ele tinha seus momentos de dúvida, incerteza e sofrimento pessoal. Existem aqueles que gostariam de acreditar que ele era sempre um farol de luz resplandecente, sem qualquer dúvida ou hesitação, sempre confiante e seguro de si; embora esse fosse seu estado usual, havia ocasiões em que ele se sentia inseguro e afundado em seu próprio atoleiro. Como a mulher que era apaixonada por ele e sua confidente, eu considerava preciosos os momentos em que ele dividia comigo suas dúvidas e incertezas pessoais.

E ele sempre conseguia voltar a se transformar na pura luz de sua emanação. Diante de tal transformação, eu era tomada de espanto, e continuo sendo. Para mim, esse era um de seus maiores milagres — poder retornar, firme e confiante, para a sua própria emanação divina. Essa é a essência da maestria espiritual que eu testemunhei nele.

O RETORNO DE ÍSIS

Quando digo retorno de Ísis, estou me referindo aos dois aspectos desse retorno. Um deles envolve emanações dela em pessoas deste mundo. E, de um modo mais metafórico, como um retorno do respeito pelo feminino e pela expressão das qualidades femininas manifestadas neste mundo — e isso ocorre através de pessoas. Assim, o que se vê hoje neste mundo, agora e nos próximos anos, é a encarnação de mais crianças com emanações divinas. Isso já está acontecendo.

Já está ocorrendo uma "inseminação" de emanações divinas em novas gerações de crianças humanas, sendo Ísis um dos seres divinos a enviar emanações. Como as pessoas com emanações divinas afetam as que lhe são próximas, haverá como que uma cascata de atributos iluminados penetrando na humanidade. Os pais dessas crianças iluminadas acharão isso muito interessante e desafiador. O que vocês estão presenciando neste momento é a "inseminação" de emanações divinas na humanidade através de crianças individuais.

Em alguns casos, pessoas de mais idade (quer dizer, não crianças) estão subitamente despertando para o fato de trazerem dentro de si uma emanação do divino.

Quero deixar bem claro que, como vocês diriam, todos os seres têm em si emanações divinas — mas não estou aqui me referindo à divindade de cada ser humano. Estou me referindo literalmente à "inseminação" de um aspecto da divindade no corpo de uma determinada pessoa. Isso é qualitativamente diferente. Tais pessoas são mais brilhantes e dotadas de níveis de consciência que as outras não são. Os efeitos de existir tais pessoas vivendo neste mundo não serão plenamente percebidos antes de mais ou menos vinte anos.

O outro aspecto do retorno de Ísis ao qual me refiro é metafórico. É uma simples mudança de imperativos culturais e, com isso, quero dizer que o domínio patriarcal está com os dias contados. Esse domínio está chegando ao fim por necessidade, pois apesar da densidade e da aparente estupidez da humanidade como um todo, está ocorrendo uma mudança de percepção, que se tornará muito mais evidente para nós nos próximos anos.

A *absoluta necessidade* de mudar será reconhecida — indicando que a humanidade tem de mudar sua relação com a Terra — a Terra enquanto a Grande Mãe, o Grande Feminino — e isso irá se espalhar, se vocês quiserem, por todas as expressões do feminino.

Um outro aspecto desse retorno metafórico de Ísis é que mais mulheres, especialmente das gerações mais jovens, tomarão as rédeas do poder, sem pedir permissão, mas simplesmente tomando-as. E que um número crescente de homens, especialmente das gerações mais jovens, terá prazer em participar, por saber com absoluta certeza que ambos — homens e mulheres — são necessários para levar a humanidade a atravessar o portal desses tempos.

Capítulo nove

LEONARDO DA VINCI E *A ÚLTIMA CEIA*

Uma das mais importantes obras de arte da história é A Última Ceia, *de Leonardo da Vinci. Pelo que investiguei, Leonard da Vinci parece ter feito parte de um grupo de pessoas chamado Literati. Era uma grande força formada por pessoas cultas de ambos os sexos. Ele parece ser um grande defensor da energia feminina divina. Fica evidente quando vemos sua pintura que há, sem dúvida, uma presença feminina sentada à mesa do lado direito do Mestre Jesus e, hoje, todos nós sabemos que essa figura era você. Naquela época (e talvez ainda hoje), a pessoa sentada à direita da que era a mais respeitada era a segunda pessoa mais respeitada.*

Naquela época não existiam câmeras fotográficas e tampouco era possível tirar instantâneos. Essa pintura representa um momento histórico e Leonardo da Vinci fez a sua versão dele.

Em minha opinião, para ele fazer isso, duas coisas devem ter acontecido. Uma delas diz respeito a ele saber como acessar os registros akáshicos. Ele era um gênio de tal envergadura para seu tempo que, quando contemplamos toda a sua obra, sabemos que algo extraordinário aconteceu para que ele pudesse fazer o que fez. A outra possibilidade é a de que ele esteve presente ao evento e simplesmente não conseguia se lembrar disso.

Será possível explicar como Leonardo da Vinci teve a inspiração para fazer essa pintura? Seria a Última Ceia *uma preparação dos discípulos de Jesus para darem continuidade à sua obra? Como você participou daquele encontro, você pode dizer qual era o seu propósito?*

O que é afinal o Santo Graal?

Sim, eu estava presente naquela que ficou conhecida como A Última Ceia. E estive sentada ao lado direito de Jesus, pois eu era, em sua opinião, a discípula com mais conhecimento e aquela que havia recebido os ensinamentos mais secretos.

Leonardo da Vinci pintou esse quadro (*A Última Ceia*) com base nos registros akáshicos, pois era dotado de uma mente e um espírito altamente desenvolvidos. Ele fazia parte de uma tradição de artistas e pensadores que entendiam o lugar do feminino e se reuniam informalmente para cultivar o conhecimento secreto quando era arriscado proclamá-lo abertamente. Como o véu negro da igreja havia obscurecido todas as formas do feminino divino, aqueles que detinham esse conhecimento agiam secretamente, invocando a sua presença, mas jamais o revelando abertamente. Esse conhecimento do feminino, o lugar da deusa, teve origens pagãs antes de a igreja dominar a civilização.

O cálice usado na reunião que ficou conhecida como A Última Ceia era de fato, e ironicamente, um simples pote de barro. Diferentemente de como foi embelezado por artistas posteriores, ele não tinha nenhum ornamento. Passou-se a acreditar que o cálice, o Santo Graal, tivesse poderes mágicos. Essa é, lamentavelmente, uma tendência humana a acreditar que o poder reside em algum lugar *fora* de si e que pode ser tomado.

O verdadeiro cálice do Graal é o útero do feminino. E nesse caso, era o meu útero, pois eu havia concebido a filha de Jesus. É, portanto, irônico e trágico o fato de os homens terem buscado o Santo Graal quando o tempo todo ele sempre esteve bem próximo, nas mulheres de suas vidas. Esta é uma época em que esse erro pode ser corrigido, o cálice do Graal ser reconhecido pelo que é e a mulher ser elevada a um lugar de equilíbrio, não de dominação.

De acordo com o que tenho observado, eu espero que essa mudança seja instigada não por homens, mas por mulheres e, especificamente, por aquelas que tenham a coragem de expressar sua verdade e, com isso, reverter a situação da cultura e da sociedade. Essas são as heroínas do momento. E o mundo encontra-se hoje extremamente carente delas.

O que é hoje chamada de A Última Ceia foi um momento ímpar para mim pessoalmente.

Eu sabia que a situação estava caminhando para algum tipo de clímax. Mas o propósito daquela reunião era transmitir poder espiritual. De maneira que quando Jesus repartiu o pão, ao dar um pedaço para cada um dos presentes, ele estava dando não apenas um pedaço de pão, mas um tipo de poder espiritual. Aquela foi uma cerimônia de transmissão de poder numa noite eletrizante. Ela foi, portanto, basicamente uma cerimônia de transmissão de poder. Jesus sabia que iria enfrentar a iniciação no mistério da morte.

Capítulo dez

ENSINAMENTOS DETURPADOS

Como uma das pessoas que receberam os ensinamentos secretos de Jesus, eu diria que, com respeito a eles, houve a seguir um grande mal-entendido. O ensinamento essencial que ele tentou transmitir era o de que todas as pessoas têm poder divino. Que esse é um dom concedido a todos os seres humanos, mas que precisa ser cultivado. Se ele não for guardado e protegido, as ervas daninhas da ignorância e as raízes retorcidas da negatividade humana tomarão o seu lugar. Por isso, ele falava constantemente sobre a necessidade de cada um cultivar o jardim da própria alma.

Ele usava metáforas para passar seus ensinamentos, pois tinha, em minha opinião, uma alma de poeta e entendia que as metáforas são como portas que se abrem para a alma. Portanto, quando ele disse que a fé das pessoas era do tamanho de um grão de mostarda, ele estava querendo dizer que elas só precisavam de um pouquinho de fé. Mas ele não acreditava em fé cega. Ele acreditava no tipo de fé que produzia resultados.

Ele entendia que no coração humano havia a possibilidade de as sementes do amor germinarem, florescerem e mudarem o mundo. E ele acreditava que esse amor era do pai e da mãe, pois mesmo em sua oração que vocês chamam de Pai-Nosso, ela começava invocando em aramaico tanto a mãe como o pai, mas na tradução a referência à mãe não aparece.

Era uma oração tanto ao Grande Pai como à Grande Mãe, mas o acesso era por intermédio do eu interior. Ele acreditava que a divindade viva estivesse no interior do *eu* e, portanto, quando você orava para a mãe e o pai, era para a mãe e o pai em seu próprio interior e, a partir dali, para o aspecto maior. Apesar de parecer que você ore para alguma força fora de si mesmo, na realidade você está orando para o aspecto mais profundo de seu eu, mas um aspecto que transcende a personalidade.

Como Jesus era herdeiro de uma tradição de longa data que cultivava o equilíbrio entre o masculino e o feminino, as orações que fazia eram tanto para o pai quanto para a mãe. Não foi ideia dele criar uma trindade que deixasse de fora o feminino. Isso não foi criação de Jesus, mas de indivíduos de épocas posteriores, que desvirtuaram seus ensinamentos para servir a seus próprios propósitos. Nos dias de hoje, esses erros podem ser corrigidos, a verdade trazida à luz e as mentiras, que perduraram por dois mil anos, finalmente enterradas. Que assim seja.

Por que o equilíbrio entre o masculino e o feminino foi "perturbado"?

Há muitas maneiras de se olhar para o rapto da noiva divina — o ofuscamento do feminino divino pelo patriarcado.

Com certeza, as grandes culturas matriarcais que se estendiam através do Mediterrâneo e chegavam à Europa e África foram profundamente afetadas pela queda do Império Romano. No caos que se seguiu, foi um ato de desespero político unificar as muitas religiões conflitantes. Foi certamente uma desafortunada nota de rodapé da história o fato de que, quando Constantino tentou resolver o problema, ele o fez com um grupo constituído apenas de homens. Mas isso nos esclarece sobre o nível de profundidade com que ocorreu a exclusão do feminino, já por ocasião do Concílio de Niceia. A partir daquele momento, a apropriação indevida do feminino interior passou a ser apresentada como parte incrementada dos ensinamentos de Jesus.

O aspecto trágico disso, do meu ponto de vista, está no fato de que aqueles que foram transmitidos como ensinamentos de Jesus e que estavam tão longe do seu verdadeiro entendimento tenham, pelos próximos dois mil anos, sido usados como instrumentos para a obtenção de poder terreno pela dominação e manipulação. Agora, quando o tempo entra num novo ciclo, os equívocos podem ser corrigidos e as distorções do espírito humano podem ser sanadas.

Por que foi necessário ter passado um período de dois mil anos para isso poder ocorrer? Por que a mãe primordial teve que ser obscurecida? Por que o feminino em todas as suas expressões teve que ser aviltado? Eu não tenho uma resposta precisa. Talvez seja um dos ciclos do tempo. Mas me anima a percepção de que esse ciclo patriarcal de dominação e supressão do feminino esteja com os dias contados. O feminino divino está ressurgindo nos corações e mentes de um número cada vez maior de mulheres e homens suficientemente evoluídos e corajosos.

E assim eu vejo as distorções dos últimos dois mil anos e a apropriação indevida dos ensinamentos de meu amado Jesus como poeira a ser varrida para fora do templo do espírito humano e que, com isso, nenhum homem ou mulher se coloque entre você e sua própria natureza divina. Que assim seja.

Capítulo onze

O RETORNO DO FEMININO DIVINO — O DIVINO NO INTERIOR DE CADA UM

Eu acredito e espero que o feminino divino venha se manifestar nos corações, mentes e atitudes das mulheres.

Não que *ela* — a grande mãe cósmica — irá descer do céu, mas antes que ela irá se expressar através das escolhas de vida que as mulheres estão fazendo hoje e continuarão a fazer nos próximos anos.

Esse retorno do feminino não irá se manifestar apenas através das mulheres, mas também através das ações dos homens. Pois os homens são tão vítimas do desequilíbrio quanto as mulheres, apesar de obviamente na superfície das coisas eles deterem as rédeas do poder. Mas detendo apenas uma das rédeas, a do lado masculino, e por se recusarem a compartilhar a outra rédea com o feminino, os homens prejudicam a si mesmos. E assim o retorno do feminino divino irá se manifestar também nos corações e mentes dos homens. Pois eles irão perceber — pelo menos aqueles que são suficientemente evoluídos para tanto — que não podem continuar a viver do modo que vêm fazendo e que a Mãe Terra, a Grande Mãe sobre a qual vivem, foi ferida. E, portanto, faz parte do retorno do feminino divino uma mudança de atitude para com a Terra, pois ela é de fato um aspecto feminino presente na psique coletiva da humanidade.

Como é possível explicar que o ressurgimento do feminino divino não tem nada a ver com "as mulheres dominando o planeta"? Eu acho que, no fundo, esse é o medo de muitos homens.

Em algum nível do inconsciente, muitos homens que estão no poder temem a ascensão do feminino e tornam-se relutantes em suas atitudes. Num nível mais primário, isso tem a ver com o instinto de sobrevivência. Para os homens que detêm cargos de poder político e econômico, permitir que as mulheres tenham o mesmo status e condições financeiras é visto como uma ameaça.

Talvez, num nível mais profundo do inconsciente, alguns homens temam a ascensão do poder feminino por projetarem sobre ele a Medusa de espada em punho, que irada os golpeará. Apesar de essa ser uma faceta do feminino que muitas mulheres de fato assumem, e chegam realmente a expressar, ela não é a expressão predominante do feminino divino.

O feminino divino anseia por estar em equilíbrio com seu consorte divino. Como o desejo de se relacionar está profundamente enraizado em sua natureza, os homens não têm realmente nada a temer ante a ascensão das mulheres em equilíbrio. Na verdade, eu suspeito que será uma libertação para eles não ter mais que carregar nos ombros o peso da ilusão de serem os únicos responsáveis pelo mundo, ideia essa que não passa de uma invenção totalmente descabida.

Um outro aspecto mais profundo disso é algo ao qual eu aludi em *The Magdalen Manuscript*, quando disse que uma das passagens mais difíceis para o homem é a que envolve a separação de sua mãe, pelo fato de ser tão dependente dela nos primeiros anos de vida. A subserviência está impressa em sua psique. Cada homem tem que encontrar sua própria maneira de transcender isso. Cada homem tem que encontrar sua própria maneira de separar a mulher de sua vida da mãe de sua infância — e, por isso, essa questão do ressurgimento do feminino em equilíbrio é muito complicada para os homens. Ele afeta todos os níveis de sua cultura e psicologia. Eu diria aos homens que se perguntam o que significa ter o feminino em equilíbrio com o masculino: significa um novo tipo de liberdade e o fim da ilusão da separação, o fim da necessidade de se martirizar e o nascimento de um novo tipo de mundo, de um mundo no qual valerá a pena viver.

Capítulo doze

SOBRE ORAÇÃO, DEUS E CRIAÇÃO INTENCIONAL

A grande divindade pai/mãe é um poder impessoal — um potencial criativo que opera independentemente da consciência humana. É um processo de criação cósmica sempre em evolução. E ele ocorre devido a uma tensão criativa fundamental entre o que pode ser chamado de polaridade masculina e polaridade feminina da consciência. Essa divindade está envolvida na criação, manutenção e destruição de todas as formas cósmicas. Ela não atenta para os seres humanos como indivíduos, nem está particularmente interessada neles. Não é uma consciência para a qual alguém poderia "rezar", uma vez que ela não é uma pessoa. É o próprio processo de criação.

Esse processo de criação estende-se desde o grande cosmos até as criaturas individuais da Terra, incluindo os homens — descendo até o que hoje vocês chamam de átomos e partículas subatômicas, que compõem seu corpo físico.

Essa é a divindade mãe/pai, corporificada como você.

Jesus sabia que cada pessoa podia alcançar a comunhão com esse aspecto da divindade mãe/pai. Mas vamos, para não atiçar diferenças, deixar de lado a palavra *deus/Deus* e chamá-la, por enquanto, de "potencial criativo". Esse potencial criativo existe em seu interior de uma maneira muito particular. É a própria fonte de sua respiração. É a própria fonte dos batimentos de seu coração. É a própria razão pela qual você consegue entender minhas palavras. Pois esse potencial criativo existe em todos os níveis de seu corpo, da menor partícula de átomo até as moléculas que constituem sua forma, os órgãos e até mesmo sua mente e sua percepção mental do mundo. Tudo isso, tudo o que você é, é uma expressão, uma expressão única desse potencial criativo. Seus irmãos e irmãs, seus semelhantes, são também expressões únicas desse mesmo potencial criativo. Assim, em termos metafóricos, os seres humanos têm e compartilham o mesmo pai e a mesma mãe. Todas as criaturas do mundo, animais e plantas, são expressões únicas da mesma força fundamental que se expressou em você. O que os seres humanos possuem, como um dom divino, é a capacidade de estar consciente de seu potencial criativo, o poder divino vivo que *é* você.

Portanto, quando Jesus se referia à "divindade mãe/pai", ele estava atribuindo uma expressão poética a esse potencial criativo. E ele sabia disso, porque possuía o conhecimento antigo de que toda criação procede da união dos opostos. Para Jesus, esse potencial criativo não era um poder impessoal. Ele sabia que era possível estabelecer uma relação com ele no santuário secreto da própria alma. Pois ele, de fato, sabia que ali, no santuário secreto do próprio ser, o potencial criativo era totalmente pessoal. Portanto, ao atravessar esse portal interior, Jesus entrava em união com o potencial criativo, que respondia às suas intenções, as quais ele chamava de orações. Portanto, eu diria para aqueles que, nestes tempos modernos, sentem-se incomodados com a herança indevida legada pela igreja e que, por isso, não se sentem à vontade com a palavra *oração,* que a substituam pela expressão *intenção criativa*; e para aqueles que não se sentem à vontade com a expressão divindade *mãe/pai* que a substituam por *potencial criativo.*

Jesus costumava apregoar a ideia de que ninguém precisa ir a um templo para orar — o que, na verdade, era inútil —, que a conexão com o potencial criativo é feita no interior de si mesmo. Por isso, ele se tornou impopular para o clero, tanto de sua própria época como para o clero da igreja católica. E por isso, eles (a igreja católica) trataram de incorporá-lo como mestre e fazer dele o símbolo de seu poder; no entanto, um aspecto fundamental de seus ensinamentos era que você não precisava ir a nenhum templo ou igreja — porque ele/ela não ia ouvir suas preces — já que elas são ouvidas no mais fundo de seu ser. *Quando você fala com intenção, as coisas se movem. Você pode mover o mundo.*

O que você entende por "relação sagrada"?

A relação sagrada é aquela que é estabelecida essencialmente sobre a base sólida da verdade. É algo muito raro neste mundo, pois para existir esse tipo de relação, as mentiras e manipulações têm que ser deixadas para trás. As duas pessoas envolvidas se relacionam a partir de uma base comum de autenticidade e revelam uma à outra e a si mesmas a verdade nua e crua — tanto a verdade de sua natureza gloriosa como seus atributos negativos mais perversos.

Então, por meio do fogo da transformação, o refugo das suas imperfeições pode ser transformado em maior percepção e poder espiritual; e depois essa maior percepção e poder espiritual retornam para elas mesmas, num processo infinito de refinamento do refugo em ouro, e da ignorância em sabedoria. Esse processo requer coragem, impecabilidade, persistência e muito senso de humor. Não é um caminho fácil, mas é o mais rápido que leva de volta para o Grande Ser que você é.

É possível se chegar a essa relação? Depende das pessoas envolvidas. A questão de haver ou não envolvimento sexual é secundária. Se você quiser testar para ver se esse caminho funciona, tente estabelecer essa relação com uma pessoa em condições de igualdade. Ambas devem assumir o compromisso de serem verdadeiras uma com a outra e, depois, assumir na prática as consequências disso — que são terríveis, porque são assustadoras e também porque são enaltecedoras. Esse é o caminho do guerreiro espiritual.

Se você tivesse que passar uma mensagem a cada mulher de hoje o que você diria?

Eu diria o seguinte a cada mulher: Que encontre coragem para expressar sua própria verdade. *O retorno da deusa ocorre através do coração e mente de cada mulher. Pelo ato de cada uma expressar sua verdade, o mundo mudará.*

Eu digo a cada uma das mulheres que encontre coragem para abrir a porta. Que não a deixe trancada! A porta à qual estou me referindo é a porta do coração, pois a mulher guarda nele uma verdade aterradora. Mas apenas quando ela é dita e compartilhada o mundo pode mudar. *Esse é o toque da deusa.* As mulheres foram educadas para se manterem em silêncio e para pedirem permissão.

Nos dias de hoje, as mulheres que encontram coragem têm que se dar permissão para expressar a verdade que guardam no coração, seja ela de júbilo ou de tristeza, de satisfação ou de raiva.

Essa verdade tem que ser expressa. Ela tem que ser dita. E ela tem que ser ouvida para que este mundo possa mudar e até mesmo sobreviver. Há camadas sobre camadas ocultando essa verdade.

A Terra — como a corporificação da Mãe Cósmica — tem se manifestado através de suas perdas, através das espécies que estão desaparecendo. Essa é a sua verdade.

Existe, portanto, um paralelo entre a Terra e todas as mulheres. Pode ser que você, como indivíduo, não possa expressar a verdade da Terra. Mas pode falar por si mesma — a sua própria verdade. Essa é a voz da deusa — expressa através de você. Crie coragem para falar. É isso o que eu diria a cada mulher de hoje.

E a cada homem?

A cada homem eu diria o seguinte: Encontre força para suportar a verdade de suas mulheres. Você foi educado para não escutar, não ouvir e não reconhecer. Você tem que mudar esses atributos. O mundo e você mesmo estão correndo o risco de se perderem. Por segurar as rédeas e não dividi-las, você está desviando o cavalo de seu destino sem perceber as consequências. Não recue diante do terremoto quando sua mulher expressar sua raiva, pois esse terremoto será a sua libertação — mas apenas se você suportá-lo.

Ouça também o seu próprio coração; nem todas as respostas a seus dilemas estão em sua mente. Você foi treinado para não ouvir seus próprios sentimentos e nem reconhecer a sua validade ou importância, mas eles são parte crucial de sua inteligência. Entenda que sua vida é uma dádiva da Terra — a grande mãe de todas as coisas deste mundo. Reconheça que seu modo de vida atual está prejudicando a Terra. Se você conseguir encontrar força para suportar a verdade de suas mulheres, esta verdade o libertará. Mas se continuar, como vem fazendo coletivamente, a reprimir a voz do feminino, tudo se perderá.

O poder para descortinar novos mundos de beleza, graça e luz está nas pequenas escolhas que você faz. As coisas pequenas podem ter as maiores consequências. Tenha consciência disso e dê valor a isso. Dê valor às pequenas coisas, aos pequenos momentos de sua vida, especialmente em relação com as mulheres de sua vida e com a Terra.

Quais serão os maiores desafios nos próximos anos com respeito ao feminino divino?

Com respeito ao que está sendo revelado do feminino divino, a verdade estará no primeiro plano. As pressões para que cada uma expresse a sua verdade aumentarão, como também aumentarão as pressões para permanecer em silêncio como forma de se proteger — duas pressões agindo em direções contrárias. O destino do planeta, e certamente também o da humanidade, será decidido com base em que aspecto será o dominante. A verdade será dita? Ou vencerá o silêncio? Essa escolha é tanto individual como coletiva. Cada pessoa terá de avaliar, em seu próprio interior, tanto as consequências de dizer a verdade como as de permanecer em silêncio.

Vamos colocar a questão da seguinte maneira: A humanidade e a Terra sobreviverão de algum modo. Mas, se as forças que querem manter a verdade em silêncio vencerem, haverá uma situação muito difícil de negatividade no mundo por muitos anos antes que a verdade, a luz espiritual, finalmente prevaleça. Portanto, ao dizer a verdade — a própria verdade — nos dias de hoje, a pessoa está contribuindo para que o destino supremo chegue mais rápido.

INTRODUÇÃO DE JUDI SION AOS HÁTHORES

Achei por bem dar também minha pequena contribuição à parte deste livro que contém as mensagens dos Háthores, visto que fui eu que transcrevi cada palavra transmitida por eles nos últimos oito anos. Eu entrei em contato pela primeira vez com os Háthores através de Tom Kenyon. Mas eu já tinha visto imagens deles uma vez durante uma estranha visita ao Meio-Oeste, onde encontrei um casal que tinha um santuário em homenagem a eles em sua velha casa de fazenda. Eles tinham, pintadas em todas as paredes, imagens desses seres que eu jamais vira antes. Senti um certo estranhamento diante daquele espaço onde não havia nada que não fossem imagens daqueles seres com queixo de contornos distintos, grandes orelhas e penteados egípcios, nas paredes de uma antiga casa de fazenda, feita de madeira e isolada em meio a uma vasta planície no coração do Kansas. Eles sugeriram que eu me sentasse por um momento em seu espaço de meditação e aceitei de bom grado. Devo admitir que ninguém falou comigo e eu realmente não senti nada naquele primeiro encontro com as imagens, mas posso assegurar que eu sabia não estar mais no Kansas. Eu me lembro daquela ocasião com tanta nitidez como se tivesse sido ontem, embora tenha acontecido cerca de vinte anos atrás.

Foi muitos anos depois de ter visto aquele espaço repleto de imagens de Háthores numa casa no Kansas que eu conheci Tom Kenyon e tive a oportunidade de conhecer os Háthores, pessoalmente e de forma direta.

Eu já tinha ouvido falar de Tom Kenyon, mas nunca o havia encontrado pessoalmente e, na realidade, nem sabia o que ele fazia. A única coisa que eu sabia era que ele "ensinava" algo, mas como na época eu tinha muito pouco respeito por professores, não tive nenhum interesse particular em conhecê-lo. Pela experiência que eu tivera com muitos professores, eles ensinavam uma coisa e faziam outra. Na verdade, a minha decepção com os professores tinha se transformado numa sentença de vida. Eu achava que já tinha acabado o tempo da hipocrisia de dever respeito a professores que detinham um corpo de conhecimentos, mas não o aplicavam em suas próprias vidas. E, por isso, jurei que jamais me envolveria com outro professor, mas teria como meus maiores mestres as rochas e os rios, as árvores e a vida, como tinham sido em minha infância.

Mas em vez de repetir a história que já contei em *The Magdalen Manuscript*, vou simplesmente dizer que minha primeira experiência com Tom e os Háthores se deu por meio de um recital particular que eu ofereci como presente de Natal a um amigo muito querido. Eu queria dar algo especial a esse amigo, algo que não viesse numa caixa ou embrulhado ou que pudesse ser reproduzido aos milhares. E devo reconhecer que, enquanto eu pensava no que dar a ele, ouvi esta frase martelando em minha cabeça: "Encontre os sons para ele". Eu tentei contratar cantores ou uma banda de música, mas não encontrei ninguém disponível na cidade. E foi então que, uma noite, ao falar pelo telefone com uma amiga, ela me disse: "Deixe-me contar o que Tom Kenyon diz a respeito da mudança de paradigma", ou coisa semelhante, e os sinos desandaram a tocar em minha cabeça. Eu estou dizendo que os sinos desandaram a tocar dentro de meu cérebro e eu pedi à minha amiga que me desse o número do telefone de Tom, para que eu ligasse imediatamente. Resmunguei uma mensagem em seu telefone comercial sobre o desejo de que ele fosse um presente de Natal para alguém. Minutos depois, ele me retornou a ligação, perguntando o que eu estava querendo dizer e fiz o melhor que pude para explicar que estava querendo "os sons".

Ele marcou um encontro comigo e com meu amigo. Ainda bem que eu não sabia que Tom era também psicoterapeuta, pois, se soubesse, teria ficado muito preocupada com o que dizer.

Então, alguns dias depois, fui com meu amigo ao encontro marcado com Tom. Quando bati à porta, ela pareceu ser aberta pelo maior cachorro do mundo. Merlin tinha forçado a passagem e se postado na frente da pessoa que atendera à porta. Fomos conduzidos para o andar de baixo, onde ficava seu consultório. Tom nos convidou a entrar em seu consultório particular, onde recorreu à sua bola de cristal. Como eu não sabia o que esperar, sentei-me bem longe de meu amigo para assegurar que "os sons" (fossem lá o que fossem) se dirigissem diretamente para ele. Afinal, o presente não era para mim, mas para ele. Fiquei sentada em silêncio e fechei os olhos. Tom começou a emitir sons que eu jamais tinha ouvido em toda a minha vida. Eu havia passado muitos anos em estúdios de gravação na época em que trabalhava com publicidade. Já tinha trabalhado com músicos e até mesmo me especializado em música e jamais havia conhecido alguém capaz de fazer aqueles sons. Abri os olhos para ter a certeza de que não havia mais ninguém na sala e entender como aqueles sons saíam de sua garganta. Era algo tão surpreendente que alterou profundamente meu estado de consciência. Senti que escorregava para um estado mental profundamente alterado, sem perder a consciência de onde estava.

Os Háthores se apresentaram e começaram a falar para o meu amigo de uma vida que havíamos vivido juntos, durante a tentativa de Akhenaton (Amenófis IV) para mudar o antigo clero. A história soou profundamente familiar e flashes de cenas começaram a surgir diante de meus olhos fechados como se fossem clipes de filmes editados. Ao ouvir as descrições do Templo de Ísis e do Templo de Rá, a emoção tomou conta de mim. Por meio da voz de Tom, eles emitiam sons para meu amigo e eu me lembro de me sentir muito feliz por ter conseguido encontrar os sons que a voz em minha cabeça havia sugerido. Eu nunca antes — e nunca até hoje — ouvi algo semelhante aos sons que Tom Kenyon faz numa sessão de sons.

Quando a sessão acabou, Tom virou-se para mim e disse: "A deusa Hátor deseja falar com você, Judi". Nenhum de nós tem qualquer lembrança consciente do que ela disse e, desde aquela vez, ela só apareceu diante de um grupo numa ocasião rara.

Quando terminou, Tom nos levou até a porta. Meu amigo dirigiu-se para o carro e eu seguia alguns passos atrás dele quando Tom me chamou de volta.

"Judi", ele começou, "preciso lhe dizer algo". Voltei alguns passos na direção dele e ele disse: "Eu não costumo fazer isso".

"Você não costuma fazer o quê?", perguntei.

"Nunca atendo às pessoas em minha casa e não costumo fazer sessões particulares."

"Então, por que você resolveu nos atender?", perguntei.

"Porque os Háthores me pediram para ver você."

Em casa, aqueles sons continuaram na minha cabeça por muitos dias. Nunca em minha vida, até então, algo havia me afetado tão profundamente como aquela experiência com os Háthores, intermediada por Tom Kenyon. Uma semana depois, voltei a telefonar para Tom para perguntar: "Se os Háthores disseram aquele dia para você nos receber, você acha que diriam para nos receber de novo? Eu tenho algumas perguntas para fazer a eles".

Tom soltou uma risada e marcamos um novo encontro. E foi assim que tudo começou.

Nos anos que se seguiram, meu amigo desapareceu na paisagem dinamarquesa e nunca mais voltei a ter notícia dele, apesar de pensar nele com muito carinho e com grande amor e respeito, e de esperar que algum dia ele se deparasse com estas palavras e recordasse o tempo que passamos juntos. Depois que a mulher de Tom morreu de câncer, nós nos vimos entrando literalmente de cabeça numa amizade muito estreita com vínculos de afeto cada vez mais profundos. Mesmo que os Háthores e outras divindades tenham nos falado muito em particular sobre nossas experiências daquela época e de nossa vida juntos, nós optamos por não compartilhá-las com o mundo.

É, portanto, da perspectiva de quem "vive" com os Háthores há mais de oito anos que eu vou contar a minha experiência naquela ocasião.

Há um grupo de treze indivíduos que falam através de Tom. Eles falam como um coletivo grupal, por haver no grupo uma concordância com respeito ao que pode ser dito. Eles não deixam dúvida de que estão aqui como uma inteligência não intervencionista. Não influenciam nem intervêm de maneira alguma. Nunca, nem uma única vez em oito anos, eles nos disseram o que deveríamos fazer. Eu supliquei para que dessem informações específicas quanto ao nosso futuro e ao futuro da humanidade, mas eles não respondem a tais súplicas. Trabalham com base no que é "preciso saber".

Vou repetir isso, para que fique absolutamente claro, sem qualquer sombra de dúvida. Um Hathor jamais diz o que você deve fazer. Portanto, se você anda ouvindo vozes que se identificam como Háthores, dizendo o que você deve fazer em sua vida ou lhe indicando que rumo tomar, elas não são de um verdadeiro Hathor, pode acreditar.

Quando solicitados, eles fizeram *pedidos* com respeito à nossa vida e ao nosso trabalho com eles. Nos últimos sete anos, nós viajamos para lugares que eles disseram ser benéficos para a ancoragem dos sons. Fomos para a Rússia a pedido deles. Fomos para a Ucrânia porque eles disseram que seria benéfico para a Terra ancorar os sons lá. E quando descobrimos o quanto estávamos próximos de Chernobyl, perguntamos a eles por que raios haviam pedido para que visitássemos um local tão radioativo. Eles responderam que tinha sido de propósito. Disseram literalmente que, se pudessem, colocariam Tom dentro de um reator, para que a radiação retivesse os sons por milhares e milhares de anos.

Fazendo uma retrospectiva, talvez as ilhas Fidji tenha sido o lugar mais feliz em que já estive e queríamos ficar lá por mais tempo. Mas éramos aguardados no Japão e, por isso, perguntamos aos Háthores quais seriam as consequências se cancelássemos a viagem ao Japão e continuássemos nas ilhas Fidji. Eles explicaram a importância que teria para a Terra se ancorássemos os sons o mais próximo possível da Coreia do Norte e pediram que não cancelássemos a viagem, mas fôssemos de qualquer maneira para o Japão. Isso aconteceu há mais ou menos sete ou oito anos, quando a Coreia do Norte estava ameaçando testar armas nucleares e o mundo estava muito preocupado. Os Háthores nos disseram que queriam que os sons fossem ancorados o mais próximo possível da Coreia do Norte, porque isso era muito importante, mas é claro que não éramos *obrigados* a ir. Mas nós atendemos ao pedido deles e fomos para o Japão. Só agora eles nos disseram o quanto foi crucial a nossa visita àquele país na ocasião, pois, como resultado, as coisas mudaram na Coreia do Norte.

Mas tudo o que eles nos dizem é em forma de pedido. É só quando os pressiono, dirigindo-me diretamente a eles através de Tom, que obtenho explicações completas para grande parte do que eles dizem. É como se a pergunta, de alguma maneira, justificasse uma resposta, e o diálogo contribui muito para as respostas às perguntas específicas. Por exemplo, eles têm templos para a ancoragem de sons no Novo México e na América Central. Muitos anos atrás, Tom pensou em abandonar o templo do Novo México, devido ao enorme desprazer de trabalhar com sua diretoria. Ele procurou os Háthores e perguntou se podia abandoná-lo. Eles, é claro, disseram que sim, que podia abandoná-lo. Disseram que ele podia fazer o que quisesse. Eu me recusei a acreditar que isso era tudo o que eles tinham para dizer e, pedindo para falar diretamente com eles, fiz a seguinte pergunta. Perguntei o que significaria para o mundo se Tom abandonasse o trabalho naquele templo. Eles nos deram a resposta de que precisávamos. Teria sido uma grave perda se a consciência de Tom e seu acesso direto a esse grupo de Háthores não participassem mais do controle total daquele templo, uma vez que ele era o único contato direto com eles; e para que o templo continuasse servindo à Terra, sua contribuição e controle eram extremamente importantes. E assim prosseguimos o trabalho naquele templo e criamos uma organização sem fins lucrativos para mantê-lo e realizar outros trabalhos. Hoje existe uma coluna de templo numa propriedade particular na Costa Rica e uma planejada para o Nepal, para triangular os efeitos que as colunas exercem sobre a Terra, semelhantes aos das agulhas de acupuntura; e a Sound Healing Foundation, que criamos em consequência disso, assumiu muitos projetos, inclusive o de gravar pela primeira vez as monjas do Tibete.

Na realidade, os lugares para onde vamos no mundo e o que ensinamos são reflexos diretos das solicitações feitas a nós pelo espírito, seja esse espírito a conexão com os Háthores ou, atualmente, a profunda relação que estabelecemos com a consciência que se identifica como Maria Madalena, com a qual estamos trabalhando desde o ano 2000.

Mas quero deixar bem claro que nem os Háthores nem Maria Madalena jamais dizem o que devemos fazer. Eles explicam o que cada ação pode acarretar, tanto para a Terra quanto para mim e Tom. De maneira que Tom e eu decidimos o que funciona em nossa vida depois de recebermos suas orientações, do mesmo modo que seguimos as orientações de um advogado, de um contador ou de qualquer outro tipo de consultor. (Embora superficialmente possa parecer que há muito pouca semelhança entre receber orientações de um grupo de seres interdimensionais de outro Universo e receber conselhos de um advogado ou contador, eu posso assegurar que recebi conselhos muito mais valiosos deles do que jamais recebi de qualquer pessoa limitada a esta dimensão em seu modo de pensar e perceber.) Quando somos informados que nossas viagens são cruciais para uma determinada situação global na Terra, ficamos muito felizes em fazer o que está ao nosso alcance, se isso funciona para nós também. Nós não explicamos isso às pessoas. Na verdade, nós quase nunca dizemos às pessoas por que respondemos a certas solicitações e não a outras.

Nós não enviamos e-mails em massa pedindo a todos que se deem as mãos enquanto fazemos o som "om" ressoar pelo deserto. Não anunciamos para onde estamos indo nem para que serve o som meditativo, além de obviamente ajudar as pessoas que participam de uma determinada sessão de sons num workshop. Não estou tentando nos apresentar como heróis e, tampouco, estou tentando ser evasiva.

Isso é tudo o que eu posso dizer.

Apenas em 2007, os sons foram ancorados profundamente nos Alpes da Suíça; no rio Danúbio, na Hungria, e em todos os seus afluentes, na Europa Oriental. Também os ancoramos na Alemanha, na Áustria, na França e na Espanha. Antes de partirmos para essa jornada de um ano, ancoramos profundamente os sons tanto na Costa Oeste como na Costa Leste dos Estados Unidos. Antes de retornarmos para casa, teremos levado os sons dos Háthores das catacumbas e do Santo dos Santos, no Egito, de volta para a Hungria, Viena, França e dali para o Tibete, Nepal, Bali e de volta para o lugar onde eles são mais necessários, a América do Norte.

Posso dizer que nos sentimos verdadeiramente honrados por podermos servir.

Os Háthores nunca estiveram na Terra em forma corpórea. Eles enviaram emanações para certos artistas do antigo Egito, como continuam fazendo hoje, para que sua imagem antropomórfica possa ser pintada e esculpida. Mas eles jamais tiveram corpos. Eles existem como luz em sua dimensão. As imagens que estão naquele recinto do templo do Kansas são representações de como eles se "mostraram" para artistas específicos e, como acontece com todas as mensagens canalizadas, sejam elas expressões em forma de pintura, poesia ou música, passaram pelo filtro da capacidade evolutiva do pintor, músico ou canalizador.

Isso é de uma enorme importância, considerando-se que é hoje oferecida ao mundo uma imensa quantidade de material canalizado. Seja por qual for o motivo, eu conheci em minha vida muitíssimos canalizadores. E posso afirmar que a clareza do que vem através deles depende totalmente do nível de evolução individual de cada um. É impossível para eles não *filtrar* o que vem através deles. É natural. Portanto, se eu fosse você, procuraria ver se o canalizador é um ser humano altamente desenvolvido antes de dar muita atenção à sua mensagem. Em outras palavras, o médium tem muito a ver com a mensagem (com pedido de desculpas a Marshall McLuhan).

Em minha experiência com Tom Kenyon, de observá-lo tanto de longe como de perto já há quatorze anos, percebi que ele vive de acordo com seus ensinamentos cada dia de sua vida. Eu nunca o vi tomar senão o "caminho da dignidade" em todas as situações que lhe são apresentadas. Ele é um gênio de portentosa estatura, um verdadeiro renascentista tanto em termos mentais como musicais e vocais. Quando se fala com alguém que o conhece tanto em sua vida profissional como pessoal, o adjetivo que surge invariavelmente para qualificá-lo é *impecável*. Ele é inconfundivelmente impecável, um homem desprovido de ego, verdadeiramente digno e honrado. Essa é a razão para eu querer acrescentar minha pequena contribuição. São coisas que não costumamos dizer, mas que merecem ser ditas por várias razões. Por serem verdadeiras, elas nos proporcionam uma pausa para refletir sobre as fontes de todo material canalizado.

O fato de alguém ter fama não quer dizer que tenha maturidade espiritual e emocional e, como qualquer um pode publicar um livro, o fato de você "ter lido algo em algum lugar" não faz desse algo uma verdade, especialmente no que diz respeito à "notícia" como ela é hoje "apresentada". (Observe que eu não disse "reportada".) A informação não é mais reportada nem checada antes de ser apresentada, como tampouco alguém se dispõe a investigar o que é ditado por alguma autoridade. A informação que é "passada" é simplesmente lida sem nenhum questionamento ou investigação por parte de um célebre apresentador de noticiário e aquilo que continuamos a chamar de notícia tem pouca ou nenhuma semelhança com a verdade. Atenção e prudência são necessárias. A minha recomendação é que se vire pelo avesso e de ponta-cabeça tudo o que ouvir, como eu costumo fazer, para ver como soaria exatamente o contrário. Como Tom costuma dizer, devemos passar o que nos é apresentado pelo nosso crivo pessoal para saber o que faz sentido para cada um de nós. E aceitar aquilo que funciona para nós, descartando tudo o que não serve ao nosso bem maior.

MENSAGEM DOS HÁTHORES

Nós fomos informados que Sanat Kumara, supervisor benevolente deste quadrante do universo, convidou os Háthores para entrar neste Universo. Ele achou que poderiam prestar ajuda sem intervir. Pediu a ajuda deles particularmente por sua natureza equilibrada que, em termos alquímicos, quer dizer equilíbrio masculino/feminino.

Num diálogo com Sanat Kumara no dia 6 de fevereiro de 2007, ele nos disse o seguinte com respeito ao desequilíbrio do universo e os Háthores: "A dualidade deste universo, com raras exceções, é tal que o princípio masculino se sobrepõe ao feminino. Isso vale também para outros planetas e outros sistemas solares desta galáxia e deste universo. Por isso, eu solicitei a ajuda da civilização dos Háthores, por ser ela dotada de uma natureza equilibrada."

Parece que contemplando em retrocesso o curso do tempo, vemos que o que acontece hoje neste pequeno planeta azul, neste ponto da criação, afetará todo este universo nas próximas décadas. Ele sabia que, enquanto civilização, eles haviam alcançado aquilo que tínhamos a possibilidade de alcançar: ascensão e equilíbrio coletivos. Eles conseguiram isso seguindo os ensinamentos dos mestres de sua civilização, todos focados simultaneamente na bem-aventurança. É possível que tenhamos ou tenhamos tido esse potencial, mas fatores como o controle e o medo, que nos foram impostos nos últimos anos, selaram nosso destino, fadando-nos a outro método de mudança de dimensões, das quais nem todas serão agradáveis. Os Háthores dizem que é possível para nós administrar essa façanha até o último segundo. Mas o comportamento que vejo entre meus semelhantes humanos não me estimula a pensar que alcançaremos esse potencial.

Os Háthores são mais conhecidos pelo papel que representaram no Egito antigo, mas eles também nos contam que estiveram estreitamente envolvidos com as atividades de Sanat Kumara numa de suas vidas nas ilhas que hoje são conhecidas como Japão. Eles também exerceram influência sobre a antiga tradição Bon do que hoje é conhecido como Tibete e também mais para o sul, em direção à África.

Juntamente com Sanat Kumara, eles entraram pela primeira vez neste universo, cerca de dez milhões e meio de anos atrás. Vieram de outro universo, atravessando o portal de Sírio para Vênus e dali para a Terra. Eles estavam ativos na Terra antes da existência dos templos de Hátor no antigo Egito, mas ficaram mais conhecidos pelo tempo em que atuaram através desses templos no Egito antigo. Hátor é/era uma deusa pela qual os egípcios tinham extrema reverência e havia um santuário à deusa Hátor em quase todos os complexos de templos do Egito antigo. Ela era altamente idolatrada. Hátor é um ser individual, uma deusa; não pertence à civilização dos Háthores. Como de costume, havia o conhecimento restrito a um círculo secreto e também o quadro transmitido às grandes massas. As grandes massas iam aos templos de Hátor para adorar a deusa Hátor e pedir suas bênçãos. No círculo secreto, os sacerdotes e sacerdotisas sabiam que os Seres eram diferentes da deusa. Os Háthores atuam nas dimensões da consciência que vão da quinta até a décima segunda. Perguntamos recentemente aos Háthores de quem eram as imagens que nos foram passadas, já que o ser conhecido como a deusa Hátor não era da civilização dos Háthores. Eles nos disseram que as representações são em geral deles, dos Háthores. A deusa Hátor não tem uma forma antropomórfica expressa artisticamente. (A egiptologia clássica considera, entretanto, as representações do Egito como sendo de Hátor, a deusa, com orelhas de vaca, que eles consideram um reflexo do aspecto dela associado à fertilidade.)

Tom tem o dom notável de "sintonizar" o cérebro em qualquer frequência e invocar um ser. No caso dos Háthores, ele os reconhece pelo fato de sempre se aproximarem pela via do coração. Depois de transcrever o que eles dizem, literalmente, já por mais de oito anos, ele os reconhece e distingue facilmente. Eles não veem o mundo da maneira que nós o vemos. Eles dizem que seu mais inferior estado de existência é o que chamamos de bem-aventurança. Eles vivem normalmente em estado de êxtase, estado esse que não é incentivado, a nós seres humanos, nem por nossas religiões nem por nossos governos, e talvez seja por isso que não tenhamos evoluído além do que deixam transparecer nossas ações no mundo de hoje.

Eles também estiveram presentes na Lemúria e em Atlântida, apesar de seu envolvimento ter sido mais intenso na Lemúria, que era mais centrada no coração.

Como eles são mestres exímios em expressar som e amor, não foi nenhuma surpresa para mim o fato de Tom Kenyon ter sido escolhido para ser, nos dias de hoje, o canal de transmissão de suas mensagens.

Quando está preparado, Tom consegue entrar em contato com eles em questão de minutos. Eles falam claramente e eu vou anotando tudo à medida que vão falando em *tempo real*. Eu digito bastante rapidamente e eles adotaram uma característica de Madalena. Em seguida, eles me fazem ler tudo, para ver se corresponde exatamente ao que pode ser apresentado por eles coletivamente. A civilização dos Háthores tem milhões de seres e esses são apenas treze indivíduos desses milhões. Eles são exímios professores aos quais foi atribuída a missão de falar pelo coletivo, e não um mero grupo de treze indivíduos escolhidos ao acaso e, por isso, o que eles têm para dizer deixa entrever muito mais. Eles se reportam diretamente às autoridades de nível mais elevado de sua civilização e nada é dito sem que tenha sido, por assim dizer, autorizado por elas.

Em minha opinião, eles são profundamente afetuosos, mas não sentimentais ou piegas. São brilhantes do ponto de vista intelectual e científico, além de serem divertidos e verem a vida na Terra como algo inerentemente engraçado. (Supomos que por não terem que pagar aluguel nem votar.)

Apesar de suas informações serem muito úteis, são os sons deles expressos por intermédio de Tom que têm o poder de mudar, curar e transformar vidas. Eu simplesmente considero esse dom uma ciência do cérebro.

Quando Tom faz um *workshop*, seja ele sobre taoismo, budismo tibetano, hinduísmo, alquimia egípcia avançada ou cristianismo esotérico, ele transmite conhecimentos que vão para o hemisfério esquerdo do cérebro dos participantes. E eles os decifram de acordo com suas capacidades evolutivas e semânticas. Mas esses conhecimentos permanecem no lado esquerdo do cérebro, e podem, em determinado momento, resultar numa experiência de "ahá!" quando fragmentos de dogma são expostas à luz da verdade e as pessoas se libertam das amarras que as mantiveram aprisionadas. Mas essa é uma experiência do lado esquerdo do cérebro, a mesma que ocorre quando você lê estas palavras.

É o som — som puro, sem nenhuma palavra decifrável — que faz a conexão com o lado direito do cérebro. Tom transmite esses conhecimentos em seus workshops de cura pelo som e nunca deixa de me surpreender o fato de mais pessoas não perceberem as implicações transformadoras de tais conhecimentos. Isso significa que, quando o conhecimento é transmitido através de uma combinação de palavras e puro som, pode ocorrer uma mágica. Quer dizer que você tem a possibilidade, com um professor desse quilate, não apenas de entender o que está sendo ensinado e direcionado para o lado esquerdo do cérebro, mas também de passar por uma grande mudança, uma enorme transformação, ou cura, ou ambos, durante uma meditação de sons que faz a conexão com o lado direito do cérebro. É isso que os Háthores fazem. Utilizam a voz de Tom para emitir códigos sonoros que abrem as portas e as janelas da percepção para a transformação e a cura. É a isso que eles se referem quando dizem que são mestres em som e amor.

Em oito anos, eu jamais vi nenhum deles, nem Maria Madalena, transmitir alguma informação que não fosse correta. Nunca uma informação passada por eles ou por Maria Madalena se mostrou imprecisa. Nenhum ser de outra dimensão pode realmente entender o tempo como nós o vivenciamos, mas até onde as informações canalizadas podem ir nesse sentido, tanto os Háthores como Maria Madalena sempre foram muito precisos em suas mensagens e determinação do tempo.

Quando estávamos no Havaí, cerca de quatro anos atrás, os Háthores começaram a transmitir informações sobre o que eles chamam de "Atualizações Planetárias", juntamente com instruções claras sobre o Hólon do Equilíbrio, que, segundo continuam afirmando, é crucial para a manutenção do equilíbrio. Segundo eles, a estrela tetraédrica (poliedro de quatro faces) é um veículo excelente para quem deseja viajar através das esferas ou dimensões. Mas, para manter o equilíbrio em meio ao caos, eles nos incentivam a fazer uso do Hólon do Equilíbrio, que é um octaedro imaginário colocado em volta do corpo. Eles recomendam que pratiquemos visualizá-lo, ficar à vontade dentro dele, até conseguirmos colocá-lo rapidamente ao nosso redor. Eles também continuam a nos incentivar para que encontremos alegria e permaneçamos nela com êxtase no coração.

MENSAGEM DE TOM KENYON

Vou propor que cada um de vocês faça o que costumo sugerir aos participantes de meus workshops: que mantenha o tempo todo ao seu lado uma "caixa imaginária". Se essa proposta lhe parecer absurda ou ofender sua visão da realidade, sugiro que você a jogue nessa mesma caixa. Nunca engula ou aceite como verdade nada que alguém diga sem passá-la pelo crivo de sua própria *experiência de vida*, sua *lógica* e, mais importante, seus próprios *valores pessoais*.

Engolir ideias sem mastigá-las e digeri-las completamente pode levar você a ter uma espécie de indigestão mental e/ou espiritual. E para esse tipo de indisposição não existe nenhum antiácido de efeito instantâneo.

Há quem ache que se deve deixar de lado a própria lógica e pensamento racional ao entrar nos domínios da experiência espiritual — que devamos nos entregar inteira e completamente à fé e não permitir que a razão entre em cena. Eu pessoalmente acho perigoso esse modo de pensar. Todos nós temos que seguir toda a sabedoria e inteligência que conseguimos reunir se não quisermos nos enganar em nossa busca pela iluminação espiritual. É a verdade da luz de nossa própria percepção que buscamos, não a falsa luminosidade das fantasias e desejos pessoais. Nesse sentido, a lógica e o pensamento racional não são o pior inimigo das mensagens canalizadas, mas aliados de importância crucial.

O que você vai ler a seguir me foi comunicado de maneira pouco comum, através de um *estado mental propício à canalização*. Falarei mais a respeito de canalização logo adiante, mas antes de tudo gostaria de deixar bem claro que esse dom é inerente a nós todos. Ele tem a ver com um aspecto nosso chamado interdimensionalidade.

O que estou querendo dizer exatamente com interdimensionalidade? Para explicar isso, vamos examiná-la de várias perspectivas — afinal, eu sou interdimensional!

Enquanto você lê este texto ou ouve alguém o lendo para você, os centros responsáveis pela linguagem em seu cérebro procuram compreender o conjunto de sons que nós chamamos de língua portuguesa. Ao mesmo tempo, você pode ouvir um som vindo lá de fora, talvez a buzina de um carro ou o som de um animal. Você pode, neste mesmo instante, perceber a própria respiração. Todos esses acontecimentos — a leitura destas palavras, os sons que você ouve e a respiração — são dimensões da consciência.

Você pode perceber qualquer uma dessas dimensões voltando sua atenção para elas. Mas é a sua atenção voltada para um determinado evento que o torna consciente. Se você não presta atenção, não percebe que algo está ocorrendo. Se, por exemplo, você está totalmente absorto na leitura deste livro, pode nem perceber o som de sua respiração ou os ruídos vindos lá de fora. Eles existem independentemente de você percebê-los, mas em seu mundo de percepção é como se eles nunca tivessem ocorrido.

O nosso mundo subjetivo de percepção também tem muitas dimensões ou planos. A maioria deles nos é inacessível pela maior parte do tempo, porque — para falar francamente — nós fomos treinados para considerar apenas uma pequena "faixa" das experiências internas como significativas — ou seja, aquelas que nos tornam mais produtivos ou úteis para a sociedade. Embora esses estados mentais práticos sejam indubitavelmente importantes, eles não são os únicos que podemos acessar.

Para que você possa perceber esses mundos subjetivos de percepção, é preciso que altere sua atividade cerebral por meio da meditação ou algum outro método. Dessa maneira, você poderá ter a experiência direta desses mundos e dos fenômenos incríveis que ocorrem em seu interior. Mas, enquanto você não tiver a experiência direta desses mundos, é como se eles não existissem, uma vez que se encontram fora do alcance de sua percepção.

A capacidade para acessar essas dimensões mais elevadas ou mundos criativos em nosso interior, apesar de sua natureza um tanto quanto esotérica, nos traz benefícios práticos inegáveis. Um deles é que essas outras dimensões da consciência podem muitas vezes nos revelar ideias e soluções criativas para problemas aos quais não temos acesso em nossos modos normais de pensar e perceber.

A história da ciência é repleta de ideias e descobertas inovadoras surgidas nesses estados mentais extraordinários. Deixe-me ser um pouco mais específico aqui para explicar melhor o que estou querendo dizer.

A ciência é normalmente considerada o pináculo da razão humana. Afinal, o método científico baseia-se na observação racional e na solução lógica de problemas. Entretanto, o que ocorre na realidade é que os que fazem ciência, os próprios cientistas, relatam que às vezes a solução para um dilema científico lhes vem através de meios ilógicos.

Tomemos como exemplo o químico alemão August Kekulé, que descobriu a estrutura molecular do benzeno. Ele disse ter se debatido incessantemente com o dilema. Por mais que a questão o obcecasse, não encontrava nenhuma solução.

Então, uma noite ele teve um sonho. No sonho, ele viu uma cobra engolindo a própria cauda. Despertou e entendeu que aquela era, na verdade, a estrutura do anel benzênico. Depois de traduzir sua visão para a linguagem da matemática, ele pôde provar que aquela revelação noturna correspondia à realidade.

Uma das coisas interessantes contidas na imagem onírica de Kekulé é que ela era um símbolo clássico da alquimia europeia — o *uroborus.*

Como observação pessoal, eu acredito que muitos símbolos alquímicos e oníricos, como o uroborus, têm a ver com a conexão entre matéria e consciência.

O importante aqui é ressaltar que a solução para um problema altamente prático — quer dizer, a estrutura do benzeno — foi revelada por meio de um estado mental incomum e irracional (ou seja, um sonho).

Portanto, informações importantes podem nos ser reveladas quando adentramos outras dimensões de nossa própria consciência. O físico Albert Einstein relatou ter descoberto os princípios gerais da relatividade através de uma série de fantasias. E, certa vez, ele disse brincando que não é possível resolver um problema no nível do problema. É preciso passar para um nível mais elevado para encontrar a sua solução.

A questão das dimensões vem há muito tempo intrigando tanto os físicos e matemáticos como os metafísicos. A primeira consideração da interdimensionalidade diz respeito ao ponto de vista do qual ela é considerada. Os matemáticos, por exemplo, veem as dimensões de uma maneira diferente dos físicos.

Uma maneira de considerar a interdimensionalidade, apesar de incomum, é considerá-la como dimensões da consciência. Para iniciar esta discussão, vamos considerar um livro intitulado *Flatland* [Planolândia], escrito em 1884 pelo satirista vitoriano Edwin Abbott.

Eu chamo a atenção para esse livro pelo fato de ele explorar o fascinante paradoxo de como aqueles que vivem numa determinada dimensão jamais conseguem compreender plenamente as dimensões que estão além daquela em que vivem.

Este é um resumo muito breve e, como tal, incompleto do livro.

Era uma vez um mundo imaginário chamado Planolândia. Ele tinha apenas duas dimensões, comprimento e largura. Os habitantes desse mundo eram chamados de *planolandeses*. Ninguém ali jamais havia visto qualquer coisa tridimensional, uma vez que o mundo deles era, bem, um mundo... totalmente plano.

Certo dia, uma esfera (uma bola) atravessou a Planolândia. Em seu primeiro contato, surgiu um único ponto naquele mundo, o qual cresceu e se tornou um pequeno círculo. E esse pequeno círculo foi ficando cada vez maior. A certa altura, o círculo já era muito grande e chegou ao máximo de seu tamanho. Esse momento correspondeu, é claro, ao momento em que a bola de maior circunferência atravessou a Planolândia.

E então, sem nenhum motivo aparente, o círculo começou a ficar cada vez menor, até virar um ponto. E, depois, também o ponto desapareceu.

Surgiram muitas ideias sobre o que havia ocorrido, mas ninguém em Planolândia sabia explicar. Os planolandeses simplesmente não conseguiam imaginar nada semelhante a uma esfera, pois não podiam conceber nada fora do referencial de seu mundo de duas dimensões.

Eu acho que nós somos como eles.

Vivemos em nosso costumeiro mundo tridimensional achando que ele é tudo o que existe. Se o tempo é a quarta dimensão, como alguns sugerem, talvez a maioria de nós tenha uma boa ideia do que ela seja também. Com isso, estou querendo dizer que podemos dizer as horas e chegar aos encontros e compromissos *na hora*. Para a maioria de nós, isso é tudo o que interessa.

O PARADOXO DO TEMPO

Mas existem outras maneiras de considerar o tempo. A nossa moderna percepção mecanicista do tempo é apenas um aspecto e quando transcendemos ou paramos totalmente o tempo percebido (como quando meditamos ou fazemos outros tipos de práticas esotéricas), as coisas ficam muito interessantes.

Na verdade, quando saímos da rotina do tempo percebido (por meio da prática de meditação ou outras), entramos mais facilmente em outras esferas da experiência humana. Tais estados mentais e físicos fora do comum foram descritos desde os tempos mais remotos por místicos, iogues e outros seres iluminados.

As descrições de suas experiências com o *numinoso* (termo junguiano para designar as esferas da existência repletas de luz) foram, obviamente, expressas através da filtragem cultural da época de cada um. Assim, a linguagem mística dos grandes contempladores e místicos cristãos é, na superfície, diferente da de seus primos judeus ou muçulmanos. E certamente essas descrições são ainda mais diferentes das suas correspondentes asiáticas — as correntes budistas e hinduístas do yoga e as alquimias taoistas da China. Mas abaixo da superfície de suas aparentes diferenças, há correntes profundas de semelhança.

As semelhanças a que estou me referindo aqui *não* têm nada a ver com crença, filiação espiritual ou dogma. Na realidade, muitas tradições místicas se opõem totalmente em pontos fundamentais de seus dogmas. Apesar dessas diferenças, existem semelhanças espantosas com respeito aos métodos empregados pelas disciplinas desses místicos e iogues para entrar em contato com o numinoso. E a alteração do tempo percebido — seja ela alcançada por meio do transe meditativo, da oração ou do canto contemplativo — é um ponto central em todas essas tradições.

Poderíamos, do ponto de vista da moderna neurofisiologia, chegar mesmo a dizer que é por meio da alteração do tempo percebido (e suas consequentes alterações no estado cerebral) que todos os iogues, místicos e santos apreendem o que eles chamam de Divino, Eu Transcendente ou Tao (dependendo de sua visão intelectual ou filosófica).

Em outras palavras, as experiências místicas e religiosas ocorrem (em termos neurológicos) devido às evidentes alterações no processamento cerebral. Entenda, por favor, que não estou querendo dizer com isso que as experiências místicas possam ser reduzidas a alterações físicas no cérebro e sejam resultados apenas dessas alterações, mas que tais experiências são determinantemente caracterizadas por eventos simultâneos no sistema nervoso. Para alguns, isso pode parecer perder-se em minúcias, mas para aqueles que, como nós, estão envolvidos na busca da compreensão científica dos estados místicos da mente, é crucial que busquemos o máximo rigor possível.

A minha convicção pessoal é a de que as esferas numinosas da existência (ou seja, a experiência mística) revelam para nós uma área fascinantemente rica do potencial humano, mas apenas quando nos libertamos da prisão do dogma (crença religiosa e/ou cultural).

Do ponto de vista da neurofisiologia, as informações canalizadas são apenas outra maneira de expressar o potencial de nosso cérebro/mente — semelhante, em alguns sentidos, aos estados de espírito místicos.

O ato de canalizar não é, no entanto, uma prática religiosa. É antes um movimento para dentro do território desconhecido da própria psique (o numinoso) para ver o que emerge em termos de *contato* (com outras inteligências) e de *informação* (em forma de novas percepções).

Como psicoterapeuta e alguém que esteve envolvido com estudos do cérebro por mais de dez anos, eu considero a canalização em geral como um tipo de *psicoartefato transpessoal*.

De fato, da minha perspectiva, canalizar é simplesmente a arte de alterar de maneiras diferentes a atividade das ondas cerebrais, as quais geram, por sua vez, experiências e informações transpessoais.

O PROCESSO DE CANALIZAÇÃO

Toda pessoa que canaliza faz isso alterando de alguma maneira a sua percepção. O resultado, independentemente do método usado, é o canalizador entrar num estado profundamente alterado ou *percepção internalizada* (transe). Durante o período em que ocorre a *comunicação*, a pessoa permanece mais ou menos separada e de alguma maneira afastada temporariamente de seus modos normais de ser, inclusive da própria percepção do tempo percebido. Esse é um efeito direto das alterações no estado do cérebro (intensificação das atividades alfa e teta) do canalizador.

Por mais exótico que possa parecer esse estado de canalização, eu acredito que ele seja uma capacidade inerente à maioria, senão a todos nós. É simplesmente uma questão de aprender a alterar voluntariamente o estado do próprio cérebro.

Mas existe um outro elemento no fenômeno da canalização cuja importância é crucial para o nosso entendimento. É a questão que diz respeito à filtragem. Eu pessoalmente não acredito que exista um canalizador que seja totalmente livre e aberto. A pessoa pode se esforçar para ser um *canal livre e aberto* e esperar vir a tornar-se cada vez mais impecável, mas a *Presença ou Mensagem* que se apresenta através do canal é de alguma maneira influenciada por ela — especialmente por seu estado emocional, suas crenças subconscientes e *miasmas* (distorções pessoais tóxicas).

Essa filtragem inevitável da mensagem no processo de canalização é o motivo de eu recomendar que se tenha sempre ao lado a tal caixa imaginária, da qual já falei. Se alguma parte da mensagem canalizada não fizer sentido, você deve jogá-la na caixa. Não aceitá-la como verdade. Deve submetê-la a seu próprio escrutínio, sua própria experiência de vida e seus valores.

Espero que aqueles que estejam lendo estas mensagens façam simplesmente isso. Que vejam o que lhes serve e joguem fora o resto.

Uma das piores coisas que você poderia fazer com estas informações seria, em minha opinião, *deificá-las* em alguma forma de culto da Nova Era. Para evitar isso, considere *as mensagens* como simples informações vindas de outra dimensão da consciência, uma maneira única de ver o nosso mundo que, espero, irá possibilitar que você se sinta mais livre e satisfeito com sua maneira de lidar com a própria vida.

MENSAGEM DOS HÁTHORES

Nós somos os Háthores e viemos até vocês em nome do amor para anunciar uma nova e sonhada realidade para o planeta Terra. Se vocês estiverem prontos para construir o novo mundo, nós os convidamos a se juntarem a nós numa jornada da mente e do coração. Nós somos seus irmãos e irmãs mais velhos. Estivemos com vocês por um longo período de sua evolução neste planeta. Estivemos com vocês em eras passadas — até mesmo nos dias perdidos no esquecimento, antes de qualquer vestígio nosso ter sido detectado pela atual história escrita de vocês. A nossa natureza é energética e interdimensional. Nós viemos originalmente de outro universo, através de Sírio, que é um portal para o Universo de vocês, e dali de Sírio, seguimos em direção ao seu sistema solar e às esferas etéricas de Vênus.

No passado, nós atuamos especificamente com a deusa da fertilidade do antigo Egito, a deusa Hátor, e por meio dela. Também estabelecemos contato com os lamas tibetanos durante o período de formação do budismo tibetano.

Apesar de termos interagido com algumas das culturas mais antigas da Terra, somos uma civilização intergaláctica com postos avançados que abarcam partes do Universo conhecido de vocês e mais além. Nós somos o que vocês chamariam de civilização ascensionada — um grupo de seres existindo num determinado campo vibratório, assim como vocês têm uma marca energética própria. A questão é que nós simplesmente vibramos num ritmo mais acelerado do que vocês. Contudo, somos todos partes do grande mistério, parte do amor que liga e mantém todo o universo coeso.

Nós evoluímos como vocês evoluíram, ascendendo para a Única Fonte de tudo o que existe. Em nossa evolução, passamos por alegrias e tristezas, como vocês. Nós nos encontramos, em termos de expansão, numa posição um pouco mais elevada na espiral da consciência e da percepção do que vocês; por isso, podemos transmitir a vocês o que aprendemos, como amigos, mentores e companheiros da viagem, de volta para a lembrança de Tudo Que Existe.

Não somos salvadores nem tampouco messiânicos. Queremos rechaçar claramente essa projeção para que o leitor entenda que somos simplesmente irmãs e irmãos mais velhos dispostos a compartilhar nosso conhecimento e lições aprendidas. Você pode aceitar isso ou não, mas nós oferecemos nossa ajuda livremente. De acordo com o nosso entendimento, a crença em que diferentes inteligências alienígenas irão salvá-los não passa de uma projeção do inconsciente humano. A expectativa de que algo ou alguém irá salvá-los, que vocês não terão de efetuar nenhuma mudança em si mesmos, que não terão de ser responsáveis, é totalmente irrealista. A crença na possibilidade de continuar seguindo os padrões habituais de letargia e inconsciência, de receber de graça algo que irá transformá-los sem nenhum esforço de sua parte, é pura insensatez. Isso não vai acontecer. Pode, no entanto, ocorrer de muitas inteligências alienígenas estarem aterrissando, pois elas certamente existem, mas os seres humanos que estão contando com elas para a sua ascensão e elevação, sem que tenham que fazer nenhum esforço próprio, ficarão muito desapontados. A ascensão é um processo de autoconhecimento e maestria em todos os níveis e envolve elevar todos esses níveis da própria existência. É assim que nós vemos o processo de ascensão e é assim que o realizamos há milênios.

Ao oferecermos nossa ajuda, não estamos de maneira alguma querendo interferir em seus relacionamentos cósmicos e com espíritos amparadores, nem em suas crenças religiosas e filiações a organizações de ajuda. Temos, no entanto, muita coisa que gostaríamos de compartilhar.

Conhecemos bem Sanat Kumara, pois foi ele quem nos pediu para entrarmos em seu Universo. Como um Mestre Ascensionado, Sanat Kumara assumiu muitas responsabilidades relacionadas com a elevação do planeta Terra e seu sistema solar. Ele trabalha, como nós, pela ascensão, a evolução da consciência no sistema solar.

Nós queremos comunicar hoje que vocês estão prestes a realizar uma grandiosa mudança e que o mundo, como vocês o conhecem, está em vias de se transformar em algo novo. À medida que o mundo de vocês entra nos estágios de dimensões mais elevadas da existência, muito do que vocês tomaram como óbvio deixará de existir. O portal do tempo que vocês terão de atravessar está bem à sua frente e a aceleração sem dúvida já começou.

Este momento histórico oferece uma rara e preciosa oportunidade. Nós não estamos nos referindo ao *pequeno eu*, o eu individual, mas ao *eu superior* que vocês são. Esse aspecto mais abrangente, essa realidade interdimensional que vocês são, ganha um potente catalisador evolutivo através do ato de encarnar nos dias de hoje. O *eu maior* está além do tempo e do espaço, conforme vocês os entendem. O eu individual é como uma faceta de uma joia complexa de muitas faces. As experiências que vocês criam para vocês mesmos neste mundo aumentam seu entendimento e a profundidade de seu ser do ponto de vista do eu maior.

Existem muitas forças atuando no mundo de vocês. Algumas delas lutam para manter sua mente, coração e espírito aprisionados. Mas as garras terríveis que prendem vocês e seu destino estão se soltando, pois até mesmo elas estão tendo dificuldades para surfar sobre as ondas do tempo acelerado.

Se há alguma mensagem possível de ser transmitida para vocês neste momento, é a seguinte: *Que vivam a plenitude do que são.* Não se deixem enganar pela ilusão de que são seres humanos pequenos, limitados e insignificantes. Aqueles que desejam controlar o destino da humanidade querem perpetuar essa ideia. Dizemos para viverem a plenitude do que são — sua natureza interdimensional — porque, através desses aspectos mais elevados, vocês encontrarão novas soluções para os problemas que estão enfrentando. A passagem para essa realidade interdimensional em vocês mesmos está livre das restrições do tempo, do espaço e da história. Elas não os cerceiam, a não ser que vocês permitam.

A passagem para essa realidade em si mesmos, para a liberdade que é a natureza intrínseca de vocês, é algo muito simples. É tão simples que é esquecido e há quem diria que a solução não pode ser algo aparentemente tão insignificante. Mas atravessando essa porta quase secreta, vocês se verão num mundo de imensa liberdade e sabedoria, mesmo que aqueles ao seu redor continuem aparentemente aprisionados e em conflito. Pois o mundo em que vocês vivem tem menos a ver com localização física do que com vibração espiritual. A porta sobre a qual estamos falando é a alegria. A felicidade. E a nossa mensagem é, portanto, muito simples. Nós já oferecemos e continuamos oferecendo técnicas, tecnologias internas, para ajudá-los a ultrapassar o grande nascimento, mas tudo o que estamos dizendo pode ser resumido numa simples verdade: *Encontrem um jeito de viver sua vida com alegria e felicidade.*

Os Háthores

Capítulo treze

O PODER DO SOM

A REVOLUÇÃO CANTADA

Ouvi recentemente a história fascinante de um documentário intitulado The Singing Revolution *[A Revolução Cantada]. Essa revolução foi um movimento estratégico em favor da não violência, empreendido pelos estonianos para acabar com décadas de ocupação soviética. Os estonianos entenderam que, enquanto eles não provocassem nenhum derramamento de sangue, o governo soviético (Gorbatchev na época) não poderia enviar tanques para acabar com suas manifestações. E, portanto, o povo resolveu cantar. A certa altura, um milhão de estonianos estava cantando ao mesmo tempo. Parece-me inacreditável que um ato tão simples como o de cantar pudesse ter tal efeito! Sei que a cantoria não foi o único fator responsável, mas parece ter sido muito importante.*

Como pode o som ter um efeito tão poderoso sobre uma situação? O que acontece no nível vibratório?

Não vamos comentar o evento específico ocorrido na Estônia, mas sim os princípios sonoros relacionados a uma situação como aquela.

Para começar, a voz humana tem uma capacidade inata de expressar emoções, pensamentos e energias sutis. Quando a voz vem acompanhada de *intenção*, o som ganha um poder que por si só não tem.

Quando duas ou mais pessoas se reúnem, elas produzem o que é chamado em termos alquímicos de terceira força, cujo significado é a presença de uma terceira energia por trás dos indivíduos. É a "junção" dos "poderes da intencionalidade" gerados por cada uma das pessoas. Portanto, se há um grupo de centenas ou milhares de pessoas entoando uma canção conhecida por cada uma delas, com uma mesma intenção, muitos fenômenos podem ocorrer e esses podem explicar a retirada súbita de tanques e tropas.

Vamos examinar esse fenômeno a partir de três aspectos.

Em primeiro lugar, *a terceira força.* Ela é como um indivíduo desprovido de corpo; é um fenômeno energético. É criado pela intencionalidade e pelos sons, as canções entoadas pelas pessoas individualmente. Mas a terceira força é uma reunião coletiva de energia e tem uma força palpável que afeta os indivíduos de maneiras singulares. Ela pode transmitir coragem, força e determinação. Mas pode também, dependendo da intenção que há por trás dela, fazer um coração fechado se abrir como que numa explosão. E, de fato, os soldados que cumprem ordens militares têm que, necessariamente, fechar o coração. Do contrário, não conseguiriam impor-se pela violência sobre outros de sua espécie.

Assim, quando mil pessoas estão entoando a mesma canção com a mesma intenção — especialmente se a intenção não é violenta —, a terceira força gerada atravessa a armadura que protege os corações daqueles que se juntaram para atacar. Alguns dos soldados sentem o coração se abrir mais rapidamente do que outros — uma vez que a rachadura da armadura que protege o coração é um ato individual e alguns são capazes de permiti-la mais rapidamente do que outros.

O segundo aspecto desse fenômeno tem a ver com *física interdimensional* e é resultado da interação da terceira força com uma probabilidade futura. Essa é uma questão um tanto quanto enigmática e nós vamos tentar simplificá-la. Se os soldados são enviados para um determinado lugar com o propósito de atacar, uma probabilidade avança a linha do tempo para um futuro próximo onde é mais provável que tal evento possa ocorrer.

Por causa da natureza da terceira força, que é paradoxalmente criada dentro dos limites do tempo, neste caso por aqueles que estavam entoando a canção, ela própria opera fora do tempo. Como a intenção não era violenta, a probabilidade avançaria a linha do tempo e iria ao encontro da probabilidade de ataque pelos soldados. As duas intenções interagiriam criativamente num vórtice de energia interdimensional, algo que a ciência humana está apenas começando a entender.

O terceiro aspecto está relacionado com o que chamaríamos de *eu supremo* de cada pessoa. Esse aspecto está "fora" do tempo e do espaço, mas pode influenciar diretamente os eventos que ocorrem no tempo e no espaço. Esse aspecto superior do *eu* entra em cena quando a pessoa está em estado de amor, compaixão e não violência. É um outro nível de vibração da consciência. Caso uma pessoa estivesse sozinha diante dos tanques, o efeito não seria o mesmo. É apenas quando centenas estão reunidas com uma mesma intenção de compaixão e não violência que suas expressões mais elevadas se manifestam.

Para os soldados em tal situação, seria algo peculiar a retirada súbita da sombra — a sombra que obscurece a luz e sua conexão com seus semelhantes — fazendo-os parar para ver-se empunhando armas. Seria algo surrealista. O ponto essencial é que seria uma atitude individual de cada soldado depor suas armas para permitir que a terceira força e as expressões mais elevadas do *eu* o afetassem. E seria um momento criativo no tempo em que uma canção, uma vibração sonora, entoada com intenção, especificamente a intenção de não violência e compaixão, poderia transformar uma probabilidade de catástrofe em manifestação jubilosa do espírito humano.

SOM E CURA

Ir além da quarta dimensão é algo que afeta radicalmente a biologia, para dizer o mínimo. A experiência é diferente para cada pessoa, mas algo que parece comum a muitos Trabalhadores da Luz é a experiência de zumbido nos ouvidos. O que ocorre exatamente em tal situação?

O poder de cura do som envolve uma questão extremamente complexa. Podemos nos empenhar para separar seus componentes, mas é a combinação de todos eles atuando simultaneamente que dá ao som seu poder enquanto modalidade terapêutica.

O primeiro nível é bem conhecido pela neurociência humana e resulta do ato que ocorre no momento em que o som chega ao ouvido, criando alterações no cérebro através dos canais auditivos. Ao chegar ao ouvido, o som altera a atividade das ondas cerebrais, como também a resposta dos neurotransmissores, do nervo simpático e parassimpático, descendo em cascata para cada órgão e sistema do corpo. Nós diríamos, entretanto, que a vibração sonora penetra em cada célula do organismo, mas isso a ciência humana ainda não confirmou.

Outro componente do som como tecnologia de cura é o fato de o som audível afetar o campo energético do corpo, aquilo que os antigos chamavam de aura. A ciência humana está também investigando esse fenômeno no campo da medicina da energia sutil. Certos tipos de som, especialmente quando combinados com intenção, podem afetar de maneiras dramáticas o campo energético. Esse campo energético do corpo envolve cada uma das células.

Para nos aprofundar mais no fenômeno do som, voltemos a nossa atenção para a interessante relação entre som e luz.

Em essência, do nosso ponto de vista, o que vocês chamam de realidade material e todas as diversas formas de energia que a ciência humana nomeou são expressões de um mesmo fenômeno fundamental: o intercâmbio entre matéria e energia — da energia para a matéria. Assim, de uma maneira muito sutil, o som gerado de uma determinada maneira afeta o *continuum* de luz.

Para exemplificar isso, tomemos um piano imaginário. Além das 88 teclas normais, esse piano imaginário teria muitas outras. Ao tentar produzir notas fora da sequência das 88 teclas, o pianista faria surgir luz e poderia criar um acorde de luz simultaneamente a um acorde de sons e o que veria seria uma luz de diferentes cores. Mas os sons não seriam ouvidos pelo fato de estarem se movendo com demasiada rapidez. Mas, se tomasse esse conjunto de notas extras do piano imaginário e as tocasse dentro do âmbito normal das 88 teclas, seria possível ouvir um acorde; e haveria uma relação direta entre os sons ouvidos e as cores vistas.

Quando o som é articulado e gerado a partir de um nível elevado de conhecimento e perícia, ele pode fazer com que a energia desça à condição da matéria ou a matéria suba para a condição da energia.

Vamos abordar essa questão de modo mais específico. É possível que um som gerado dessa maneira afete um tumor e transforme sua forma física material em luz, em energia e, com isso, faça o tumor desaparecer.

É também possível fazer surgir algo que esteja faltando no nível atômico — no nível molecular — do corpo físico pela ativação de um determinado padrão no âmbito da luz e transformar a energia em matéria. Esse é um domínio altamente avançado do som, mas que tem seus potenciais.

O que queremos dizer com "algo que esteja faltando" é todo o *continuum* do corpo físico em forma. É mais fácil fazer com que uma molécula ou um padrão atômico assuma forma; dessa maneira, um hormônio que esteja faltando no corpo pode ser levado do *continuum* de luz, ou dos neurotransmissores vitais, para ele. O princípio é o mesmo quando você considera os agrupamentos de moléculas e a organização dos órgãos, mas requer muito mais perícia e habilidade para deslocar um órgão da esfera da luz do que para deslocar uma molécula. Mas como já dissemos, os princípios são os mesmos.

Quando a humanidade alcançar uma expressão mais elevada de sua natureza espiritual no decorrer do próximo século — apesar das evidências parecerem contrárias —, haverá curadores capazes de fazer isso pelo uso do som. E, de fato, ocorrerá nos próximos anos um renascimento no âmbito da medicina com respeito ao uso do som em todas as suas aplicações. Com isso, estamos nos referindo tanto aos recursos tecnológicos como à capacidade intuitiva humana, implicando o fato de uma pessoa poder usar sua voz para influenciar o processo de cura.

ZUMBIDO NOS OUVIDOS

Com relação a esse fenômeno, existem várias razões para a sua ocorrência. Uma delas é a simples deterioração neurológica do tímpano e do canal auditivo interno.

Uma segunda razão tem a ver com os processos que ocorrem nos centros auditivos do cérebro, e a ciência começou recentemente a separá-los em dois tipos: o zumbido nos ouvidos gerado pelo processo de degeneração neurológica e zumbido causado por alterações no cérebro.

Existe uma terceira razão para a ocorrência do zumbido nos ouvidos que tem a ver com o campo energético do corpo.

À medida que as pessoas evoluem espiritualmente, seu *campo energético* — a aura, como os antigos se referiam a ele — passa por muitas mudanças. Existem, no interior desse campo, muitos vórtices menores de energia vibratória. É possível considerar o campo da aura como um enorme ovo luminescente que envolve completamente a forma física. Dentro dessa forma oval luminosa existem todos os tipos de formas geométricas e estruturas de luz. Quando uma delas é ativada por razões intergalácticas, planetárias ou por razões evolutivas pessoais, essas áreas passam a vibrar num ritmo diferente de antes e, às vezes, desencadeiam uma resposta do cérebro que é ouvida como um som externo. Muitas vezes, é uma única nota ou uma pequena sequência de notas que se repete.

Uma maneira de lidar com o fenômeno do zumbido nos ouvidos é fazer dele o foco da atenção. O efeito será positivo se o motivo do zumbido for causado por mudanças no cérebro ou no campo energético. Se, no entanto, a causa do zumbido for a degeneração neurológica, essa abordagem não terá efeito.

Essa abordagem consiste simplesmente em prestar atenção no som ou nos sons. Depois de alguns minutos, os sons mudam ou desaparecem. Idealmente, se focar totalmente a atenção por alguns minutos nos sons, você notará o surgimento de uma outra sequência de sons, sendo esses mais sutis. E se concentrar a atenção nesses sons, você perceberá uma terceira sequência de sons ainda mais sutis. Em outras palavras, você pode "levar" esses sons para níveis ainda mais sutis de percepção.

Pelo uso dessa abordagem, você poderá de fato determinar o trajeto do som sutil para um lugar de absoluto silêncio. Existem técnicas antigas de yoga que ensinam essa habilidade e, na Índia, ela é conhecida como Nada Yoga. De nossa perspectiva, esse conhecimento envolve muitos dogmas e tradições. Separando o dogma do conhecimento, nós diríamos o seguinte: Todos os seres — humanos, animais, vegetais e outros — possuem campos vibratórios de energia, porque eles *são* campos vibratórios de energia. As menores partículas subatômicas vibram e oscilam e, desde que use a tecnologia apropriada, você pode trazer esses sons e vibrações para o alcance do ouvido humano. Você poderia descrevê-los como canções, embora muito incomuns. Os cientistas humanos estimaram que o corpo humano comporta aproximadamente um trilhão de células constituídas de um número ainda maior de átomos e moléculas; cada partícula da matéria canta de acordo com seu próprio ritmo vibratório e cada um de vocês é, portanto, de maneira muito real, uma sinfonia ambulante — embora alguns sejam mais afinados do que outros.

No decorrer do processo de evolução espiritual, os atributos mentais e sensoriais da pessoa vão sendo aperfeiçoados. Que aspectos da pessoa são aperfeiçoados depende de muitos fatores, como sua constituição e natureza espiritual, a cultura em que ela está inserida e os tabus religiosos existentes. Algumas pessoas percebem uma intensificação de sua luz espiritual. Em outras palavras, elas veem cores que não estão fisicamente presentes. Outras percebem que seu sentido da audição passa por um processo de aperfeiçoamento. Tais pessoas podem perceber uma intensificação da capacidade de audição de sons externos.

O que queremos dizer àqueles que ouvem sons externos é que os considerem artefatos de seu próprio campo energético, pois o que estão testemunhando é uma expressão vibratória de sua própria energia, seu próprio ser físico. De nossa perspectiva, esse é o primeiro sinal genuíno de sua clariaudiência, a capacidade sensitiva de perceber impressões auditivas.

Apesar de você não ter feito esta pergunta específica, já que estamos tratando desse assunto, queremos incluir aquelas pessoas que estão passando por um aumento de sua percepção cinestésica ou emocional.

Exatamente como uma pessoa pode desenvolver sua capacidade de clarividência, que implica uma visão espiritual intensificada, ela pode também desenvolver sua capacidade de clariaudiência — quer dizer, sua capacidade sensitiva de audição ou de perceber fisicamente coisas de natureza espiritual.

Para indivíduos com tais poderes clarissencientes, esta época impõe desafios únicos, pois eles podem ser considerados seres que respondem emotivamente, ou seja, seres empáticos que captam as emoções sentidas por todos à sua volta. Isso faz parte de seus poderes de clarissenciência.

Enquanto este mundo atravessa o portal de uma transformação radical, muitas pessoas manifestam angústias, irritações e atitudes irracionais. Isso ocorre devido ao simples fato de o mundo, como foi percebido até agora, estar mudando de maneiras que fogem ao seu controle. Essa situação cria aflição para a maioria dos seres humanos; com isso, aquele que é capaz de empatia capta as vibrações de muitas pessoas aflitas.

E, na verdade, para as pessoas que estão desenvolvendo muito rapidamente sua capacidade de empatia, essa situação pode se tornar ainda mais difícil, já que elas podem passar a sentir uma *empatia planetária*, captando ondas de empatia de todo o planeta Terra; e com isso queremos dizer que essas pessoas podem ser inundadas de emoções e sentimentos de toda a coletividade humana e também do reino animal, uma vez que os animais da Terra também estão passando por uma grande mudança. Para certas pessoas dotadas de tais poderes e de empatia, também é possível captar manifestações empáticas da própria Terra, Gaia, enquanto energia viva da deusa materializada como Terra. De fato, para tais pessoas, esta época constitui seu maior desafio.

Temos uma sugestão a dar para aqueles que são de natureza empática e que estão desenvolvendo suas capacidades de clarissenciência: É de importância vital encontrar uma maneira de separar os próprios sentimentos dos sentimentos que capta dos outros ao redor. Esse é um passo básico e fundamental que todas as pessoas dotadas de empatia e clarissenciência terão de dar em seu processo de desenvolvimento; do contrário, esta época poderá trazer-lhes muito sofrimento. Outra maneira de contextualizar isso é dizer que cada uma delas terá que ser *soberana em sua própria realidade* e saber distinguir claramente qual é sua soberania, ou direito, da soberania dos outros ao seu redor. Para as pessoas dotadas de empatia e clarissenciência, a clareza pode levá-las à libertação.

Depois de abordados os desafios a serem enfrentados pelas pessoas empáticas nos dias de hoje, vamos agora propor algumas maneiras específicas de lidar com eles. Vamos deixar as coisas bem claras. Aqueles que estão lendo esta mensagem podem não ser empáticos neste momento. Eles podem tender mais para as capacidades de clarividência (visão sensitiva), clariaudiência (audição sensitiva), mas no final a clarissenciência e a capacidade de responder com empatia se desenvolverão em todos os seres humanos. Portanto, mesmo que estas informações não se apliquem a você hoje, elas poderão muito bem se aplicar dentro de alguns meses ou um ano. E, se você sobreviver a esta travessia em seu corpo atual, certamente terá respostas empáticas depois de 2030; a essa altura, o conjunto da humanidade terá poderes sensitivos desenvolvidos.

O que queremos dizer com isso? Será muito difícil pregar uma mentira. Como todas as coisas, essa também depende do grau de evolução dos indivíduos. Assim, dentro desse prazo que indicamos, alguns indivíduos serão extremamente sensitivos em todos os sentidos, seja de clarividência, clariaudiência e de clarissenciência. Será absolutamente impossível lançar areia nos olhos dessas pessoas, por assim dizer. No entanto, os seres humanos menos desenvolvidos terão a essa altura alcançado um desenvolvimento emocional. Suas capacidades clarissencientes e empáticas terão se desenvolvido suficientemente para elas perceberem quando alguém está tentando lhes pregar uma mentira. Diferentemente do indivíduo portador de uma combinação altamente desenvolvida dos poderes de clarividência, clariaudiência e clarissenciência, ou seja, possuidor de todos os três poderes psíquicos, a pessoa simplesmente dotada da capacidade de empatia poderá não saber os detalhes da mentira, mas terá certeza absoluta de que está diante de uma mentira. É por isso que os políticos, da maneira como são conhecidos atualmente, serão coisa do passado, como os dinossauros.

Voltemos, portanto, para o nosso objetivo de oferecer algumas sugestões simples àqueles que estão se deparando com uma intensificação em suas respostas empáticas ao mundo. Esse assunto daria por si só um livro, mas vamos tentar resumir sua essência em alguns pontos.

O que temos a dizer é que as pessoas empáticas talvez achem mais conveniente lidar com sua própria estrutura geométrica e assinatura emocional. O que queremos dizer com isso? O que acontece basicamente com uma pessoa empática é que ela tem todas as portas abertas para o mundo, e que absolutamente tudo, tanto o mais sublime como o mais distorcido, pode passar pelas portas e entrar na casa, por assim dizer.

Certas pessoas empáticas carregam uma impressão de outras vidas, de um compromisso assumido de se abrir para o mundo. Para muitas delas, esse compromisso foi assumido na Lemúria, pois aquela era uma época em que se lidava com o mundo por meio do coração, diferentemente da época de Atlântida, em que se lidava com o mundo por meio da mente, dissociada do coração. Portanto, o desafio daqueles que se encontram hoje encarnados, que foram agentes de cura na Lemúria, é que os tempos mudaram, mas sua alma ou essência não reconheceu isso. Pois na Lemúria, os agentes de cura avançados recebiam seus poderes de cura se mantivessem todas as portas e janelas da casa do *eu* abertas. E, por isso, elas recebiam empaticamente informações da pessoa necessitada de cura e também o conhecimento necessário vindo das esferas espirituais superiores para sanar o problema.

A condição essencial imposta a esses tipos de agentes de cura da Lemúria era, em termos metafóricos, que mantivessem a casa do eu aberta para o cosmos, para o mundo e para a pessoa necessitada de cura. Em outras palavras, nenhuma janela, porta ou qualquer outra abertura devia ser mantida fechada. De nossa perspectiva de hoje, essa estratégia é contraproducente, uma vez que a cultura da Lemúria deixou de existir há muito tempo e a cultura na qual vocês vivem hoje é altamente tóxica, não sendo aconselhável, portanto, manter todas as portas e janelas da casa do eu abertas para o mundo de hoje.

Nossa primeira sugestão a essas pessoas, portanto, é saber que podem e têm o direito, o direito soberano, de fechar as portas e janelas de seu eu quando necessário. Esse é o paradoxo essencial das pessoas com empatia altamente desenvolvida, pois para elas é muito difícil, e até doloroso, fechar todas as aberturas para o mundo. Vai contra a natureza delas. Mas elas têm que aprender a reconhecer as situações tóxicas, ou seja, as situações e pessoas que não lhes são favoráveis, porque a captação das energias dessas pessoas ou situações torna-se uma toxina, uma energia negativa em seu próprio corpo.

Portanto, a nossa sugestão é a seguinte: Feche todas as janelas e feche a porta da frente e dos fundos. Tranque a porta do porão. E quando alguém bater à porta, dê uma espiada antes de abri-la. Esse é, portanto, o princípio.

O que isso tem a ver com a estrutura geométrica é o seguinte. O campo energético de uma pessoa empática está aberto para o mundo. É como se existissem canais ligados ao mundo exterior penetrando literalmente no ovo luminoso de sua aura. Sugerimos às pessoas empáticas que experimentem aplicar a estrutura geométrica que nós chamamos de Hólon do Equilíbrio e, na verdade, sugerimos o mesmo para todas as pessoas que se encontram atualmente em processo de evolução. As instruções completas sobre como criar este Hólon do Equilíbrio serão fornecidas um pouco mais adiante neste livro. Mas como o hólon é um sólido platônico específico, ele traz equilíbrio. Proporciona aconchego e proteção às pessoas empáticas. O que a pessoa perceberá é que o Hólon do Equilíbrio não a isola do mundo, mas provê um limite permeável, o que, de nossa perspectiva, é necessário para manter a saúde mental, espiritual e emocional.

Com respeito à assinatura emocional, as pessoas empáticas têm que conhecer intimamente seus verdadeiros sentimentos e emoções, separados dos sentimentos dos outros. Esse conhecimento torna-se então sua bússola e elas devem se orientar por ela quando cruzam o mar turbulento de muitas emoções conflitantes. Mas apenas se aprenderam a reconhecer suas próprias respostas emocionais autênticas e usá-las como uma bússola, elas podem esperar conseguir atravessar o mar turbulento provocado pelas emoções humanas, especialmente nestes tempos conturbados.

Nós dedicamos uma quantidade extraordinária de espaço para discutir a resposta empática, porque, como já dissemos anteriormente, todos os seres humanos sentirão uma intensificação dessa capacidade. Na realidade, pode-se dizer que o processo de evolução espiritual gira em torno da abertura do coração e, à medida que o coração se abre, a resposta empática aumenta e a linha divisória entre o amor por si mesmo e o amor pelo mundo passa por uma mudança. De nossa perspectiva, ancorar o próprio eu na verdade do próprio ser é crucial. Quer estejam desenvolvendo a clarividência, quer dizer, aumentando sua capacidade sensitiva de ver, ou a clariaudiência, ou seja, aumentando sua capacidade sensitiva de ouvir, todas as pessoas terão que finalmente lidar com suas próprias respostas empáticas aos outros. Essa é a grande aventura para alcançar o domínio espiritual.

Capítulo quatorze

OS HÓLONS

O HÓLON DO EQUILÍBRIO

Nós sugerimos que você experimente brincar com esta forma geométrica simples até alcançar seu domínio. Tenha-a o tempo todo em sua percepção consciente de maneira a poder criá-la à vontade, sempre que for necessário tanto para você mesmo como para as pessoas ligadas a você.

Nós a chamamos de hólon e a forma específica à qual nos referimos é a do octaedro, ou o Hólon do Equilíbrio. Imagine-se circundado por uma pirâmide de luz que se estende para cima e outra pirâmide para baixo de você. São duas pirâmides de bases quadradas, uma apontando para cima e outra para baixo. Você está no centro delas. Na posição deitada, você está no quadrado onde as duas metades das pirâmides se tocam e a pirâmide que fica acima de você é igual à que fica abaixo. Você tem liberdade para fazê-la tão grande ou tão pequena quanto quiser, desde que ela envolva completamente o seu corpo.

Na posição em pé ou sentada, o eixo do octaedro estende-se através do centro do seu corpo, de maneira que se você traçasse uma linha partindo do ponto mais alto da pirâmide, passando pelo centro e atravessando o ponto mais alto da pirâmide contrária, essa linha passaria pelo centro do seu corpo. Esse octaedro equilibra as energias. Ele representa o equilíbrio dos aspectos masculino e feminino da consciência. Não se deixe enganar por sua simplicidade. É uma poderosa ferramenta para equilibrar as energias sutis.

Os hólons produzem sons?

Nenhum ser humano seria capaz de apreender os sons produzidos pelos hólons. No nível atual em que se encontram a tecnologia e o entendimento humanos, seria impossível reproduzi-los.

Os Háthores trabalham com hólons?

Nós não trabalhamos com hólons porque eles já fazem parte de nossa geometria natural. Nós criamos o Hólon do Equilíbrio e o Hólon da Cura como ferramentas que compartilhamos com nossos irmãos e irmãs humanos para serem usadas na época atual.

ALGUMAS OBSERVAÇÕES DE TOM KENYON

O octaedro é uma das cinco formas geométricas tridimensionais comumente conhecidas como sólidos platônicos. O octaedro tem um total de oito lados, daí a raiz *octa*, que significa "oito". As pirâmides superior e inferior têm cada uma quatro lados e as bases de ambas se encontram para formar um quadrado. Esses corpos sólidos podem ser encontrados na natureza, especialmente na forma de estruturas cristalinas, bem como em formações atômicas e moleculares. Em termos esotéricos, cada um desses sólidos platônicos tem efeitos energéticos específicos. Algumas pessoas nos enviaram e-mails perguntando se o octaedro é igual à estrela tetraédrica; não, não é. A estrela tetraédrica consiste em duas pirâmides triangulares cujas bases não se encontram. Elas se fundem uma com a outra. A estrela tetraédrica tem também efeitos diferentes dos do octaedro.

Quando eu recebi pela primeira vez informações dos Háthores sobre o Hólon do Equilíbrio, achei que fosse algo muito simples. Mas, às vezes, as coisas simples são as melhores. Eu não tenho nenhuma dúvida de que este hólon, uma vez ativado, proporciona uma sensação de equilíbrio e proteção.

MAIS ESCLARECIMENTOS SOBRE O HÓLON DO EQUILÍBRIO

Quanto ao Hólon do Equilíbrio, queremos antes de tudo deixar claro que estas informações são para aqueles que podem necessitar de conhecimentos mais básicos sobre esse hólon em particular (o octaedro). Elas não são para os estudantes avançados de geometria sagrada. É intencionalmente que eu as apresento de maneira simplificada. Por duas razões: a primeira é por não haver necessidade de um entendimento sofisticado para usar o Hólon do Equilíbrio. E a segunda é que a complexidade da geometria pode afastar muitas pessoas. Como esse hólon é altamente eficaz e seu uso muito simples, eu optei por não entrar em detalhes quanto às diferenças sutis entre os vários sólidos platônicos ou as dificuldades de trabalhar esotericamente com eles.

Este é um pequeno esboço de um octaedro, já que às vezes uma imagem vale por mil palavras.

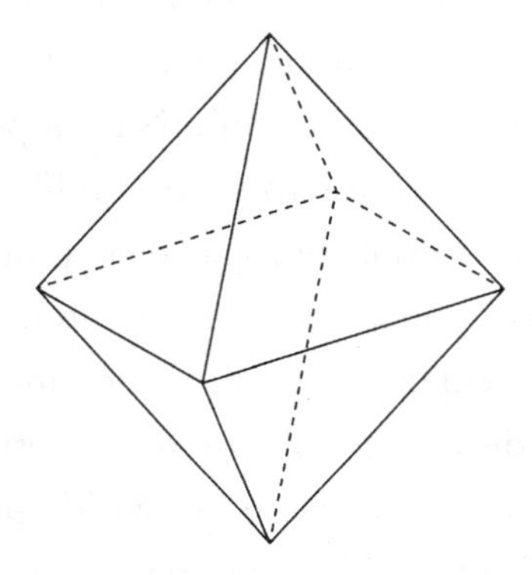

O octaedro é basicamente uma figura formada por duas pirâmides unidas por suas bases. O Hólon do Equilíbrio é criado pela formação de um octaedro de luz ao redor de você pelo poder da imaginação.

A cor que você atribuir a ele não importa. Ela pode mudar espontaneamente de acordo com o seu estado de espírito. Eu pessoalmente prefiro que ele seja claro e transparente, mas isso é apenas uma preferência pessoal, não um dogma. Na realidade, existe muito pouco dogmatismo em torno dele, graças a Deus e graças à Deusa.

O importante é assegurar que você fique inteiramente dentro do espaço do octaedro. Se, por exemplo, você escolher a posição deitada, a base de ambas as pirâmides (onde elas se encontram no centro do octaedro) deve ficar logo abaixo de você. Mas você pode se colocar em qualquer lugar dentro da figura geométrica. Você pode pairar no alto de seu espaço interno, acomodar-se em sua base ou escorregar para um dos lados. Não importa. E tampouco importa qualquer direção em particular, como norte, sul, leste ou oeste. A prática não requer nenhuma prece, fórmula mágica nem nenhuma técnica especial de respiração. A coisa toda é muito simples. E essa pode ser uma de suas grandes virtudes, além do fato de funcionar.

Se você se colocar na posição em pé ou sentada, o eixo do octaedro (isto é, a linha imaginária que atravessa ambas as pirâmides de ponta a ponta para se encontrarem no centro) deve atravessar o eixo central de seu corpo (da coroa no topo da cabeça até o períneo). Mas você pode se imaginar na parte mais alta perto do ápice da pirâmide superior ou na parte mais baixa próxima da pirâmide inferior. Em outras palavras, o plano central do octaedro — o lugar onde as duas pirâmides se encontram para formar um quadrado — pode estar alinhado a qualquer parte de seu corpo. Talvez você o alinhe com o seu coração, sua cabeça ou, quem sabe, com os pés. Não importa — pelo menos no que diz respeito aos seus efeitos em termos de equilíbrio. Na realidade, certos alinhamentos do quadrado central com seu corpo (quer dizer, o lugar em que o quadrado atravessa você) podem afetar mais intensamente do que outros. É uma questão de experimentar! Descubra o que funciona melhor para você. Mesmo correndo o risco de ser redundante, vou repetir: Não importa o lugar em que você se coloca dentro do octaedro, o sentido para o qual se volta nem a cor que você dá a ele. O que realmente importa é que você se coloque inteiramente dentro dele.

Um último esclarecimento sobre geometria: O octaedro é igual à estrela tetraédrica? Não, não é. Eles são formas geométricas diferentes. Como não vou propositadamente entrar em detalhes, para quem estiver interessado em saber mais, eu sugiro que uso as ferramentas de busca disponíveis na Internet para explorar os mundos fascinantes da geometria e seu complemento — a geometria sagrada. Há ali todo um mundo de informações esperando por ser descoberto. Ao simples toque de seus dedos ou clique de seu mouse!*

Numa mensagem anterior, os Háthores me transmitiram instruções para o envio do Hólon do Equilíbrio a lugares ou pessoas em dificuldades — com o objetivo de equilibrar as energias. Para usar esse recurso em tais situações, o Hólon do Equilíbrio (octaedro) é criado de maneira muito semelhante, excetuando o fato de você obviamente não se colocar dentro dele — o indivíduo, o coletivo ou a área do mundo para onde você está enviando o hólon é que deve ser colocado dentro dele. Em outras palavras, se eu envio um Hólon do Equilíbrio para uma determinada região da Terra, é essa região que eu devo imaginar dentro dele.

---

* Informações detalhadas sobre a geometria sagrada e a estrela tetraédrica são apresentadas em *O Antigo Segredo da Flor da Vida* (volumes 1 e 2), de Drunvalo Melchizedek, Editora Pensamento.

Você pode enviar hólons de equilíbrio com tais propósitos a qualquer lugar do planeta ou a qualquer lugar do universo que quiser (desde que seu sistema de crenças os abarque). Enviar hólons de equilíbrio é uma maneira de fazer o bem, mas com uma advertência: não interfira na realidade de outras pessoas. Em outras palavras, cada um tem o direito de passar pelo seu próprio sofrimento. O simples fato de você ou eu querer que alguém esteja em situação mais favorável não significa que esse alguém também queira. Cada um de nós tem o direito de sentir tristeza, raiva, indignação ou o que quer que seja pelo tempo que quiser. Às vezes, as coisas podem ficar bastante complicadas. Pode ser que um amigo ou membro da família esteja passando por dificuldades e você queira ajudá-lo. Mas projetar suas intenções sobre os outros, mesmo contrariando a vontade deles, é, em minha opinião, um desperdício de energia sutil. Portanto, a minha sugestão é que se envie o Hólon do Equilíbrio não como um imperativo ou imposição, mas como um convite, um sopro de ar fresco, por assim dizer. Ao enviarmos sem qualquer expectativa um hólon como oferta de equilíbrio energético para aqueles que escolhem aceitá-la, estamos, em minha opinião, enviando hólons para o mundo da maneira certa.

Eu sugiro que o aprendizado de como criar o Hólon do Equilíbrio seja feito na forma de um jogo. Brinque com ele. Acrescente suas invenções. Faça-o de diferentes cores. Descubra em que lugar dentro de sua forma geométrica você se sente melhor. Faça experiências com ele em diferentes horas do dia. Crie o Hólon do Equilíbrio em todos os tipos de lugar. Ninguém vai saber o que você está fazendo. Exercite-o enquanto estiver fazendo compras, removendo o lixo, dando comida a seu animal de estimação, fazendo uma caminhada ou durante os intervalos dos comerciais enquanto assiste a um programa de TV. A lista de lugares e horários em que podemos fazer uma pausa e praticar o Hólon do Equilíbrio é praticamente infinita. O que importa é praticá-lo o suficiente para que você possa, quando sentir que saiu do centro — se sentir emocional ou energeticamente fora do eixo — criar, sem pensar, o Hólon do Equilíbrio. Então, ele se torna um grande aliado. Um de seus melhores amigos e, diferentemente de um cachorro, você não tem que alimentá-lo, levá-lo para passear nem se irritar por ele ter mastigado seu jornal.

OS HÁTHORES RETORNAM...
O HÓLON DA IMUNIDADE

Devido à destruição do ecossistema da Terra e outras consequências do mau uso das tecnologias humanas, estão ocorrendo em ritmo recorde mutações de bactérias e vírus e, com isso, eles estão surgindo em novas formas. Esse hólon tem um efeito poderoso sobre o sistema imunológico dos seres humanos. Ele não tem o propósito de substituir os cuidados que cada um deve tomar, mas é um recurso auxiliar; e, para quem costuma adoecer com frequência, esse hólon pode ser de grande ajuda.

Ele é basicamente um cilindro disposto ao seu redor, abarcando desde o espaço um pouco acima da sua cabeça até um pouco abaixo dos pés. No alto do cilindro, sua forma inclina-se para a frente como uma banana vista de frente. Na base do cilindro, a forma move-se na direção contrária. Portanto, se você olhar para ela de lado, sua forma é muito semelhante à de uma banana curvada. Algumas pessoas o chamam de "Hólon do Golfinho". Você tem a impressão de que essa forma em volta de seu corpo é da cor prateada, muito semelhante à dos balões prateados. A cor prateada não precisa ser vista, mas apenas imaginada. Ela tem relação específica com as propriedades antibacterianas e antivirais da prata coloidal. Sinta esse hólon ao seu redor e, quando sua mente começar a vagar, traga-a de volta para a experiência do hólon. Essa forma geométrica específica acalma as energias sutis em seu interior e, ao mesmo tempo, as recarrega de uma maneira que fortalece o sistema imunológico. Sugerimos que esse hólon faça parte de seu "estojo de primeiros socorros" por assim dizer.

Ele parece mais absorvido pela nossa consciência quando estamos dormindo e o aspecto mental está de certo modo suspenso? Se parece, até que ponto ele é mais eficaz durante o sono?

Nós diríamos que, em termos de passividade, ser receptor de um som durante o sono é provavelmente um nível superior a ouvir um som em estado de vigília. No entanto, esse é um nível de recepção inferior.

Nosso entendimento e nossos métodos envolvem uma cocriação consciente entre o receptor e os sons. Em outras palavras, é o foco de sua atenção mental nas vibrações do som que cria a maior transformação. Com certeza, numa pequena minoria de pessoas, seus próprios problemas pessoais intervêm, por assim dizer. Suas distorções, seus conflitos egoicos, podem impedir que elas se sintonizem com o som quando se encontram em estado consciente de percepção. Para tais indivíduos, ouvir enquanto adormecem é um método eficiente, mas, em termos gerais, assumir a responsabilidade pela cocriação é algo muito superior e leva a um nível mais elevado de maestria. A concentração do foco mental — a atenção plena — na textura e pulsação do som cria efeitos em cascata através de muitos níveis de seu ser. Esse é o modo superior de ouvir todos os tipos de som usados com o propósito de curar.

No contexto de ouvir conscientemente e de cocriar — quer dizer, quando você ouve um som com total atenção —, ocorrem muitos fenômenos. Um deles tem a ver com a sintonização das frequências sonoras com locais específicos do corpo físico ou do campo energético. Se você estiver com a atenção consciente voltada para o som, poderá perceber sua ressonância em seu corpo ou campo energético. Se isso ocorrer, coloque a atenção na pulsação de seu corpo ou campo energético, como também no som. Essa é uma maneira extremamente estimulante de ouvir.

Muitos estados de consciência surgem quando você ouve conscientemente, inclusive, e paradoxalmente, estados de aparente inconsciência profunda. É como se você estivesse ouvindo e, de repente, se *ausentasse.* Nenhuma percepção do som. Nenhuma percepção de si mesmo. Pode haver a sensação de ter ido para algum lugar, mas sem nenhuma ideia de para onde, ou pode ser simplesmente um período de "apagão", em que a pessoa entra num profundo estado de inconsciência, mas não está dormindo. Existem várias razões para isso. Às vezes, as pessoas passam para outro domínio ou esfera de seu ser e, ao fazerem isso, elas entram num estado de semi-inconsciência. Isso ocorre porque elas não têm uma ponte, por assim dizer, de sua percepção consciente para outras dimensões delas mesmas. E, assim, as vibrações do som podem gerar uma resposta no indivíduo que o leva a viajar para essas outras esferas de si mesmo, sem nenhuma consciência do que está fazendo. Quando a pessoa retorna para a percepção do corpo e do som, ela se dá conta de que esteve inconsciente.

Outras vezes o som torna muito baixa ou lenta a atividade das ondas cerebrais, estado que os cientistas humanos chamam de delta. Esse é o estado do sono. Quando o indivíduo responde ao som, se o som o leva para dentro, quer dizer, para os seus mundos interiores de percepção, ocorre um aumento da atividade cerebral limiar que os cientistas humanos chamam de teta. É nesse estado que ocorrem os sonhos, as visões e as imagens transformadoras e, quando o indivíduo desce para esse estado teta, ele se encontra no limiar do estado delta, ou do sono. Em alguns indivíduos, portanto, o som os leva para dentro e parte desse processo os leva ao estado de inconsciência. Diríamos que esse tipo de inconsciência é um estado cujo processo ocorre no interior do próprio sistema nervoso do indivíduo, sem nenhum trânsito ou passagem para outras esferas de seu ser. Existem, portanto, muitos estados e fenômenos que surgem em resposta ao som, especialmente quando ouvido conscientemente.

Há um tempo que eu venho pensando sobre som e gravidez. Quando uma criança nasce, ela perde tanto de seu aspecto interdimensional que eu fico me perguntando se o som poderia de alguma maneira ajudar a reduzir essa perda. Eu sei que, quando uma criança nasce, ela continua totalmente conectada com o divino e que essa conexão vai aos poucos desaparecendo no nível consciente.

No último trimestre da gestação, o feto recebe claramente vibrações do som através dos canais auditivos de seu cérebro e sistema nervoso. Antes disso, os canais auditivos não são suficientemente sofisticados para discernir inteiramente diferenças sutis. No entanto, o campo energético do feto em desenvolvimento é altamente capaz de responder ao som e às vibrações, como também às emoções. E poderíamos acrescentar, especificamente ao estado emocional da mãe. O campo energético do adulto é altamente receptivo às vibrações do som, mas, em termos gerais, os campos energéticos das crianças são mais permeáveis, menos estruturados e menos rígidos.

De acordo com o nosso entendimento, a razão por que uma criança perde o contato com o divino, como você disse (ou, como nós diríamos, com seus aspectos *interdimensionais*), deve-se não tanto à falta de suporte durante a gestação, mas antes ao processo de aculturação. Durante a gestação, a criança encontra-se nos domínios da mãe. Ela é como uma deusa para o pequeno embrião em desenvolvimento, e ele flutua, por assim dizer, no grande mar uterino e seu mundo é circundado pelo mundo da mãe. Portanto, as respostas emocionais da mãe, bem como seus pensamentos, causam um profundo *impacto* e constituem um aspecto global da realidade do embrião.

Ao nascer, no entanto, a criança deixa o ambiente da mãe para entrar subitamente no ambiente do mundo, onde seu campo energético altamente permeável sofre profundas impressões e marcas do que encontra ali. As crianças têm naturalmente o coração aberto, mas no processo de disputa com a cultura de hoje, elas aprendem a fechá-lo ou a se dissociar dele. Portanto, a perda do contato com seu aspecto interdimensional é um fenômeno cultural.

Quando nossos filhos nascem para nós, nós nos reunimos logo após o nascimento e entoamos o que chamamos de *Canção do Destino Supremo*. Fazemos isso com a intenção de remover os obstáculos do seu caminho, enviando as vibrações sonoras de nossas vozes ao longo da linha do tempo de sua existência. Achamos isso extremamente estimulante e fortalecedor e, em retrospectiva, eficaz como meio de ajudar a criança a entrar em nosso mundo.

O que recomendamos em benefício da criança é que, antes de seu nascimento, a mãe, e também se possível o pai, cante para o embrião em desenvolvimento. Eis algumas sugestões de como fazer isso. Em primeiro lugar, deve ser uma cantiga de ninar que venha do coração da mãe ou do pai. Tudo o que precisa ser feito é estabelecer contato com os legítimos sentimentos de estima pela criança. Se você não tem nenhuma estima verdadeira por essa criança, sugerimos que não cante para ela, pois resultaria numa mensagem contraditória entre a sua realidade e o que está tentando passar com a cantiga. Cantar para a criança a partir do momento em que é concebida é algo que tem um efeito positivo, se feito dessa maneira.

Para quem estiver realmente interessado, há um outro elemento que se pode acrescentar. Essa é uma forma mais sutil de usar a intenção e o pensamento. Ao cantar para a criança uma cantiga que expresse sua estima vinda do fundo do coração, a mãe ou o pai concentra-se no pensamento ou na crença de que os sons que está emitindo chegam ao aspecto divino ou interdimensional da criança e abrem o seu caminho para o futuro. Essa é uma forma avançada de comunicação e, se você se sente capaz de colocá-la em prática, saberá como fazê-lo a partir de nossa breve descrição. Se você duvida do que estamos dizendo, não se preocupe. Simplesmente cante para a criança uma cantiga de ninar que expresse a estima que vem do fundo de seu coração.

Seria uma bênção maravilhosa para este mundo se todas as crianças chegassem à Terra dessa maneira.

Capítulo quinze

O CENTRO ESPIRITUAL E OS CÍRCULOS NAS PLANTAÇÕES

O nosso centro espiritual parece ser uma das coisas mais importantes de que dispomos para nos preparar para os anos vindouros. Mas, por alguma razão, é difícil encontrá-lo e fácil perdê-lo depois de tê-lo encontrado. Por que isso acontece? Seria simplesmente por falta de vontade ou de disciplina?

Quando alguém encontra o seu centro espiritual, o verdadeiro ponto central de seu ser, nada pode tirá-lo dessa pessoa. O que ocorre é que, ao se aproximar de seu centro, a cada nível de aproximação do ponto central de seu ser, a pessoa sente aumentar sua paz, certeza e estabilidade fluida. Estamos nos referindo à capacidade de manter tanto a estabilidade como a fluidez necessária em qualquer situação que a vida apresenta. Portanto, ao se aproximar de seu centro, a pessoa pode achar que o encontrou, mas, com o passar do tempo, como a volatilidade e o caos aumentam e a estabilidade do chão, por assim dizer, oscila, ela diz que perdeu seu centro. Mas nós diríamos que ela nunca o encontrou. Porque uma vez encontrado, ele jamais será perdido. Existem outros fatores presentes nesse caso.

De uma certa perspectiva, podemos dizer que há uma confluência para desencorajar as pessoas a encontrarem seu centro. As instituições religiosas e sociais conduzem as pessoas que estão em busca de seu centro para a direção errada. Para algumas pessoas, encontrar o ponto central do ser não é seu propósito. Mas para aquelas que entraram nesta experiência de vida com o propósito de transformação, encontrar seu centro espiritual torna-se importante. Portanto, depende de a pessoa colocar sua meta de vida ou seu foco dentro ou fora de si mesma. Para aqueles que se voltam apenas para fora, encontrar esse centro não tem nenhuma importância.

Você disse em outro texto: "Os círculos nas plantações são impressões, registros vivos de uma comunicação interdimensional entre a Terra e visitantes interdimensionais". Você poderia explicar melhor que "comunicação" é essa?

Com respeito aos círculos nas plantações e especialmente aos nossos comentários sobre os autênticos e verdadeiros círculos nas plantações, que não são criados por seres humanos, a nossa percepção deles é uma conversa prazerosa entre a Terra enquanto um ser consciente, que em alguns círculos humanos é chamado de Gaia, e os muitos visitantes cósmicos. Essa comunicação inclui tanto inteligências intergalácticas como também interações com as energias do espaço mais remoto que neste momento estão atravessando o sistema solar. Portanto, alguns círculos nas plantações são mensagens dos visitantes intergalácticos. Alguns são as respostas da Terra. Alguns têm relação com a história passada da Terra. Outros são esforços para despertar os seres humanos — para que percebam em seus intricados padrões as informações que estão sendo oferecidas sobre o glorioso destino que terão se estiverem dispostos a colocá-las em prática.

É muito interessante, em termos energéticos, observar o movimento das informações da Terra através das sementes, das plantas ou das substâncias que formam os círculos. Mas as formas estão se tornando mais complexas com o passar dos anos e isso ocorre porque as conversas entre a Terra e os visitantes intergalácticos e as ondas cósmicas estão se tornando mais complexas. Com o aumento da ocorrência desse fenômeno e da maior complexidade das conversas, aumentou também a participação dos reinos dévicos, de maneira que as próprias plantas, as formas biológicas vivas que se curvam para criar os círculos nas plantações, não são passivas, mas parte do processo dinâmico entre as inteligências da Terra, as inteligências dos "visitantes cósmicos", por assim dizer, e a disposição do reino dévico para participar da criação de um registro das conversas. Sem a existência de um registro físico das conversas, muito poucos seres humanos fariam ideia de que elas de fato ocorreram.

Portanto, você tem agora uma série cada vez maior de formas geométricas. Essas formas geométricas constituem uma linguagem que deixa vocês tão estarrecidos quanto os antigos egiptólogos diante dos hieróglifos, cujos significados eles não compreendiam. Mas mesmo não sendo compreendidos, os significados continuavam ali nos hieróglifos e poderíamos dizer que é nesse mesmo estágio que vocês se encontram com relação aos círculos nas plantações. Trata-se de uma linguagem planetária e intergaláctica.

Se você estiver a fim de explorá-la, sugerimos que olhe para as fotografias visuais dos círculos nas plantações, conforme foram documentados até o momento presente, e observe as mudanças em sua complexidade. Meditar sobre as imagens, se você quiser, pode fazer com que você comece a entender essa linguagem.

Nós sabemos que reunir essas informações é um algo extremamente pessoal e relacionado com a evolução do indivíduo. Não existe, infelizmente, nenhuma Pedra Roseta (um registro gravado que permitiu que os egiptólogos traduzissem os hieróglifos) neste caso. Em muitos sentidos, os círculos nas plantações constituem um teste de inteligência para os seres humanos. Nós podemos dar algumas sugestões para ajudar a decifrar os significados mais profundos dessas formas geométricas, esses registros de uma conversa.

Vamos examiná-las em dois níveis. Um dos níveis diz respeito à sua estrutura atômica, incluindo sua aglutinação em estruturas moleculares. O outro nível é de proporção intergaláctica e cósmica — em outras palavras, o microcósmico, que é o nível atômico/molecular e o macrocósmico, que é o nível cósmico. As formas geométricas, especialmente as que surgiram nos últimos anos, podem ser sobrepostas a certas estruturas atômicas moleculares, como também as configurações de estrelas, galáxias, quasares, nebulosas, buracos negros e outros corpos celestes presentes no universo. Em outras palavras, essa conversa que ocorre é multidimensional e trata de mudanças e transformações que abrangem desde os níveis atômico e subatômico até as galáxias e todos os corpos celestes do universo. É uma conversa extremamente complexa.

Capítulo dezesseis

O ÊXTASE DO CORAÇÃO

Neste capítulo, queremos falar com você sobre como gerar o êxtase por meio do foco no coração. Não estamos neste caso nos referindo ao chakra do coração, mas antes ao coração físico, ao próprio músculo cardíaco.

Esta técnica envolve dirigir o foco, ou a atenção, juntamente com o sentimento de gratidão, reconhecimento ou qualquer termo de sua preferência. Assim que focar a atenção no coração, você consegue notar um fluxo de energia sutil.

Da nossa perspectiva, o seu foco de atenção opera de maneira muito semelhante à do ponto central de um vórtice de energia. Isso é especialmente verdadeiro no âmbito do corpo físico e do campo energético que o circunda — que os antigos chamavam de aura.

A sua capacidade para criar esse foco de atenção não é uma atividade meramente cerebral. É uma atividade que envolve muitos níveis de consciência. Onde quer que você concentre a atenção no corpo ou no campo energético que o circunda, ocorre imediatamente um fluxo de energia sutil para esse ponto ou área, que tem um efeito revitalizante sobre as células de seu corpo e/ou sobre os filamentos de luz luminosa que formam seu corpo energético.

O foco gera de fato um efeito "deformador" nos níveis subatômicos, o qual poderia ser chamado de efeitos de campo quântico. Esses efeitos de campo criam diferentes fluxos de energia, formas geométricas e harmonias dentro de você.

Alterar o campo quântico usando o poder do foco é uma capacidade importante que nós estimulamos o ser humano a desenvolver. Suas aplicações são numerosas, sendo o cultivo do êxtase apenas uma delas.

Neste método, você usa essa capacidade para concentrar o foco ou atenção, combinada com a emoção do reconhecimento ou da gratidão. Essas duas emoções têm um efeito coerente no seu campo energético e sobre as emanações magnéticas rítmicas do seu coração físico. Essa combinação de foco e emoção coerente pode ser usada para gerar estados elevados de êxtase.

Como eu disse antes, a geração de estados extáticos de consciência é um importante estímulo evolucionário. Sugerimos veementemente que você aprenda a criar estados de êxtase ao longo do dia.

Percebemos que, para muitos de vocês, a vida diária pode não propiciar o cultivo desse tipo de estado, mas insistimos para que você encontre momentos ao longo do dia em que possa praticar o cultivo desses estados por pelo menos alguns minutos por vez. Ter alguns instantes de êxtase é melhor do que nada.

Essa prática estabelecerá um som harmônico, ou um relacionamento, com a Terra, como ser vivo consciente, e com as ondas harmônicas de evolução catalítica que fluem através da galáxia.

Seguindo essa técnica, você concentra a atenção no coração físico. Ao focar a atenção nessa região, você gera o sentimento de reconhecimento ou gratidão. Não se trata do pensamento de reconhecimento ou gratidão, mas do sentimento genuíno. Neste método, não é o pensamento que ativa as energias sutis necessárias para gerar o êxtase — apenas o sentimento é capaz de ativar os vórtices energéticos dentro de você.

Quando você concentra seu foco no coração físico e gera o sentimento de reconhecimento ou gratidão, uma energia em forma de onda começa a fluir por todo o corpo — conduzida pelos campos magnéticos do coração, elas saem do coração físico para percorrer o corpo todo. Quando o fluxo de energia começa a circular por todo o corpo, surge espontaneamente o êxtase — o êxtase celular.

Experimente usar esta técnica. Procure perceber o que acontece em seu corpo quando você concentra a atenção no coração e gera esses sentimentos de reconhecimento e gratidão. Procure sentir fisicamente o que acontece no nível celular quando um trilhão (ou coisa parecida) de células de seu corpo recebem esse fluxo de energia carregado de gratidão ou reconhecimento.

Depois que você tiver dominado a capacidade de gerar êxtase do modo como descrevemos aqui e que for capaz de gerar êxtase sempre que quiser — à vontade —, comece a fazer experimentos com o seu campo energético — o que alguns chamam de corpo de energia sutil.

Neste método, sua atenção é, também neste caso, focada no coração e na geração dos sentimentos de reconhecimento e gratidão. Ao sentir que o êxtase começa a surgir em seu corpo, você volta a atenção para o campo energético à sua volta. Esse campo energético se assemelha muito a um ovo luminoso quando visto por meio da clarividência. A parte mais larga dessa forma oval luminosa fica em torno dos ombros e a parte mais estreita em volta dos pés. Há uma linha central ou eixo que atravessa o centro desse campo e também o centro do corpo físico — do topo da cabeça até o períneo. Essa linha é o eixo central do campo magnético que constitui o corpo de energia sutil. Esse corpo, ou campo, estende-se de alguns centímetros e até vários metros além da cabeça e dos pés. Em certos estados altamente carregados de energia, o eixo e o corpo de energia sutil podem se estender muito além dessas medidas.

Ao voltar a atenção para esse eixo central e para o campo energético em volta de seu corpo, você permite que o êxtase transcenda o corpo físico e entre nesse campo. Esse é um ato extremamente positivo, pois cria potentes padrões harmônicos que colocam você em ressonância com as ondas de evolução acelerada que estão atravessando sua galáxia.

Não subestime os poderes dessa técnica. Apesar de ser muito simples, ela é profunda e eficiente. Ela irá levá-lo a um estado mais elevado de ressonância e vibração. E isso, da nossa perspectiva, é crucial para a transposição dos portais energéticos e das energias transformadoras pelos quais a Terra está hoje passando e continuará a passar.

Temos algumas coisas que gostaríamos de dizer a vocês a respeito de sua natureza e seu destino, mas elas provavelmente não seriam entendidas por vocês, a não ser que estivessem, no mínimo, em estado de êxtase.

Isso porque o ponto de referência para a consciência é estabelecido não apenas pela crença, mas também pela harmonia emocional da pessoa. E para alguém que não esteja em estado de êxtase, seria como tentar descrever o nascer do sol para um cego que não tem condições de perceber diretamente o que você está dizendo. Para tal pessoa, o que você está descrevendo seria um mundo imaginário. Mas se de repente essa pessoa conseguisse enxergar, ela poderia perceber o sol diretamente e comprovar que sua descrição do mundo estava certa. E o que antes era considerado algo pertencente à esfera dos mitos poderia ser visto como algo real.

E assim deixamos vocês com o que, por enquanto, pode parecer um mito, mas que para nós é tão evidente que dispensa explicações. Cada um de vocês é um ser criador em pleno processo de criação de seu futuro e do futuro das gerações ainda por vir. Cada um de vocês guarda no fundo do coração a chave para desvendar o Mistério dos Mistérios. E o portal, a passagem para desvendar esse mistério, é sua capacidade para entrar em êxtase. Ouse encontrar seu próprio caminho, seu modo de ascender a esse estado elevado de ser. É importante saber, entretanto, que o êxtase não é fim do caminho. É simplesmente o começo.

Tente colocar em prática o método que nós descrevemos aqui. Experimente os métodos que nós oferecemos anteriormente e que iremos oferecer no futuro próximo. Entre no estado do êxtase sempre que puder. Saiba que, quando faz isso, você está entrando em comunhão com os seres e mestres avançados que serviram e estão servindo a humanidade. Saiba que ao fazer isso, você está entrando em comunhão com seu próprio Ser.

Capítulo dezessete

OS PRÓXIMOS ANOS

Antes de entrar no cerne de nossa mensagem, gostaríamos de abordar duas questões: as mudanças climáticas e o declínio da influência dos Estados Unidos no mundo.

O primeiro princípio que queremos abordar com respeito ao clima refere-se ao fato de ele ser afetado pela consciência humana coletiva de uma maneira que não está sendo levada em consideração pela atual ciência humana.

A ciência humana procura as causas físicas para as mudanças climáticas, as quais realmente constituem um fator fundamental, mas o que não está sendo reconhecido no momento atual é que os seres humanos são cocriadores de sua realidade multidimensional, inclusive de sua experiência física na Terra.

Assim, observando a linha do tempo, podemos dizer que vocês, seres humanos, têm livre-arbítrio e podem mudar qualquer coisa que seja vista no futuro. Nós vemos isso como probabilidades — mas é só quando vocês chegam ao momento presente que as probabilidades caem por terra e surge a realidade. Portanto, suas "escolhas" ao longo da toda a linha do tempo são momentos decisivos de poder. Em outras palavras, vocês podem mudar o que nós estamos vendo.

Dito isso, nós contamos com a possibilidade de um agravamento nas instabilidades climáticas. Em algumas regiões, haverá secas severas e em outras, enchentes avassaladoras. Haverá, muito provavelmente, um aumento na ocorrência de tornados em regiões do mundo em que eles nunca antes ocorreram. Contamos com a possibilidade de ocorrer furacões e ciclones de maior força. Nenhuma parte do mundo está imune a essas anomalias climáticas.

Já falamos em outra ocasião sobre o Anel de Fogo, que se estende energeticamente desde ao nordeste da Rússia, atravessa a Sibéria, passa pela China, depois pelo Japão e desce para percorrer a Indonésia, a Austrália e a Nova Zelândia; depois sobe pela costa oeste da América do Sul, da América Central e América do Norte, indo parar na costa do Alasca, não muito distante de suas origens, na costa da Rússia. Esse é o principal anel de *ressonância* e, a partir dele, existem linhas energéticas que afetam outras regiões do mundo propensas a terremotos.

Existem complexas relações de grade entre o Anel de Fogo e outras linhas de falhas geológicas. Essas incluem linhas aparentemente sem conexão que atravessam partes da China, Índia e Paquistão, entrando na Turquia, Grécia e Itália. A geologia humana não encontrou nenhuma relação direta entre essas linhas, uma vez que são de natureza sutil, mas, segundo nosso modo de ver as energias da Terra, existe uma relação direta, em função não das estruturas clássicas das falhas geológicas, mas das relações de harmonia entre as diversas camadas da Terra, como sua crosta, e os níveis mais baixos, que se estendem até o manto. Essas relações harmônicas são impelidas não apenas pelos movimentos das placas tectônicas, mas também pela atividade solar. Esse é um fenômeno energético e o Sol encontra-se num período de atividade intensificada, a qual nós vemos continuar por muitos anos ainda.

Contamos, portanto, com um aumento na ocorrência e intensidade das atividades sísmicas em todo o mundo, inclusive em regiões imprevistas como a Costa Leste dos Estados Unidos e do Canadá. Mas nós diríamos que esses não são necessariamente motivos para alarme e pânico. Essas mudanças que estão ocorrendo na Terra são expressões de suas próprias mudanças e as atividades sísmicas, na realidade, vêm ocorrendo há milênios. Incluímos nelas as atividades vulcânicas. Existem pessoas que veem projeções das mudanças da Terra no futuro como uma forma de autotortura, para perpetuar o medo, mas se você entende que o fenômeno sobre o qual estamos falando é afetado pela consciência, poderá sobreviver a um terremoto ou a outro fenômeno climático de grandes proporções e fazer dele um catalisador para acelerar a evolução. Tudo depende de como você *lida* com a situação, e não da situação em si.

A INFLUÊNCIA DOS ESTADOS UNIDOS NO MUNDO

Uma das probabilidades que mencionamos em mensagens anteriores se referia ao declínio do poder econômico dos Estados Unidos. Nós dissemos que isso ocorreria no mais tardar provavelmente em novembro de 2007 e, de fato, isso aconteceu conforme previmos. Quando examinamos as linhas do tempo, constatamos que são altas as probabilidades de a influência americana no mundo vir a decrescer ao longo da próxima década. Isso se deve a razões econômicas e políticas e, durante esse tempo, outros países avançarão; no entanto, a curto prazo, a influência americana continuará sendo muito forte no mundo, mesmo com o declínio de seu poder econômico e político.

O que irá emergir na próxima década, política e economicamente, é que os países que colocam sua atenção e ênfase no indivíduo, na verdadeira responsabilidade pelo meio ambiente e os recursos naturais, que são "administradores sábios", irão prosperar, enquanto os outros irão enfrentar dificuldades. Portanto, também aqui, vemos a consciência afetando os resultados. Ao nos aproximarmos da próxima década, esperamos assistir a um progresso na evolução espiritual ou, pelo menos, no que diz respeito ao que poderíamos chamar de comunidade planetária.

Nessa nova percepção do mundo que ganhará força entre a família humana, não serão favorecidos os antigos meios de dominação política e econômica. Enquanto o mundo não avançar em direção a uma igualdade entre as nações, pelo menos nos corações e mentes da comunidade planetária, esse continuará sendo um ideal claro, pelo qual muitos estarão empenhados.

O que nós recomendamos como meio de preparar-se é reconhecer que você é cocriador do que está acontecendo ao seu redor. Você não é passivo, mesmo que se sinta "atropelado pelos acontecimentos"; até mesmo a passividade é uma forma de participar da criação pela qual você não assume a responsabilidade. Nós diríamos que nesses tempos vindouros, é vital reconhecer sua soberania enquanto força criadora, evitar o controle mental e a manipulação por aqueles que atualmente se encontram em posições de poder e dominação, usar a própria mente para discernir a verdade e não acreditar no que lhe dizem, pois você está cercado de mentiras. Você terá de usar os patamares mais elevados de seu coração e de sua mente para perceber a verdade de cada situação. Você terá que reconhecer que seu coração e mente — sua capacidade natural de pensar e sentir — são forças poderosas que, quando combinadas, tornam-se um dínamo criativo. O ser humano encontra-se no limiar de um novo mundo. O grau de dificuldade desse nascimento depende em grande parte de você e de todos os membros da coletividade humana.

É importante reconhecer que esta é uma grande aventura. Sobreviver fisicamente ou não a um determinado período dessa transição é irrelevante do ponto de vista do ser maior do qual você é parte, pois sua encarnação atual é como uma faceta de um diamante; é a maneira de lidar com sua vida, com os momentos incríveis destes tempos, que fortalece ou enfraquece você. Não são as situações por si mesmas que fortalecem ou enfraquecem você e sim o modo como você cria sua reação a elas. Esse é o seu maior poder. E nenhum poder na Terra pode tirá-lo de você. Sabendo disso, você se torna invulnerável. E ao nos referirmos a esse tipo de invulnerabilidade queremos dizer que, quando você se encontra neste lugar de poder pessoal, viver ou morrer torna-se irrelevante, pois você encontrou seu centro espiritual e reconhece, com plena convicção, que é um ser espiritual livre das restrições do tempo, do espaço e da história. Você é um ser de luz intensa vivendo uma experiência humana.

TRANSCENDENDO E TRANSFORMANDO O SEU PRÓPRIO MUNDO

Gostaríamos de falar a respeito de uma passagem arriscada na qual vocês, seres humanos, encontram-se atualmente. Grande parte do que dissemos em nossas mensagens anteriores se tornou realidade. Pelo que acabamos de dizer, ocorrerão mais mudanças na Terra, mudanças climáticas, desestabilização geopolítica e ameaças ao ecossistema. Essas mudanças ocorrerão nos próximos anos.

Mas não é essa a passagem arriscada da qual vamos falar agora. Estamos nos referindo à sua vida emocional, a vida de seu coração e de seu espírito, pois não há dúvida de que os eventos que ocorrerão nos próximos anos atingirão emocionalmente aqueles que têm um coração sensível e que sonham com um mundo melhor.

Podemos dividir nossos comentários em dois tópicos: transcendência e transformação. Quando começa a fase caótica de recriação do mundo — fase na qual vocês se encontram atualmente —, todas as estruturas passam a ser questionadas. Os destinos que foram calculados com base em resultados esperados se dissipam. É uma época de muita confusão, e emoções primárias de medo e hostilidade vêm à tona. Há muitas forças em jogo nessa situação, e gostaríamos de abordá-las.

Parte dessa fase caótica é simplesmente resultado da mudança de uma dimensão da consciência para outra. Quando a Terra e a humanidade passam da consciência quadridimensional para a consciência pentadimensional — que está fora das restrições do tempo e do espaço conforme percebidas coletivamente —, ocorre uma tensão entre o velho e o novo mundo. Vocês se encontram bem no meio dessa tensão.

À medida que mais e mais pessoas sentem as mudanças de paradigma impulsionadas por avanços súbitos da percepção espiritual, o velho mundo perde força. O novo mundo, com seus novos pressupostos culturais, políticos e econômicos, ainda não floresceu e, portanto, a humanidade se encontra numa espécie de terra de ninguém, onde as antigas visões não funcionam mais e as novas ainda não ganharam expressão. Essa é uma causa das dificuldades que vocês estão enfrentando nesta mudança de dimensão.

Mas há outro elemento mais insidioso em ação aqui também. Existem interesses particulares em jogo que investem na continuidade do velho mundo de dominação e controle e recorrem a todos os meios de que dispõem para mantê-lo.

O tipo de controle ao qual nos referimos está tão disseminado como parte da trama da sociedade humana que muitas vezes deixa de ser percebido — e isso é exatamente o que querem aqueles que se empenham por manter o controle. Não existe uma pessoa ou grupo de pessoas que seja responsável por esse tipo de controle. Ele vem de muitas direções e fontes diferentes. Vem de fontes das quais você jamais suspeitaria, inclusive de instituições religiosas, políticas e econômicas. Mas as tentativas de controlar cada um de vocês não terminam aqui. Muitos elementos de manipulação deste mundo também estão vindo de interferências interdimensionais e intergalácticas.

No entanto, seja qual for sua fonte, aqueles que tentam controlar o destino de vocês para suas próprias finalidades egoístas estão, por assim dizer, com os dias contados. A mudança da consciência quadridimensional para a consciência pentadimensional não pode ser evitada assim como não pode o alvorecer de um novo dia. A evolução da consciência na Terra e dela própria encontra-se em pleno processo dinâmico de mudança e cada um de vocês é parte vital dela.

Gostaríamos, entretanto, que vocês entendessem que a transição de sua atual realidade quadridimensional para a pentadimensional (e outras mais elevadas) não vai ser fácil. Devido ao caos inerente que ocorre durante a mudança de uma dimensão para outra e devido à interferência dos poderes terrenos no mundo, bem como à interferência de inteligências interdimensionais e intergalácticas, a transição será muito mais difícil.

Com isso, não queremos dizer que não seja possível reduzir os eventos negativos em seu futuro por meio de ações empreendidas por vocês. Queremos dizer, isto sim, que uma transição coletiva calma e pacífica para dimensões superiores provavelmente não ocorrerá.

Nós sempre evitamos passar informações de natureza alarmante, mas temos também que ser francos e honestos em nossa avaliação.

Durante todo o passado recente, vem ocorrendo uma intensificação tanto da mudança dimensional como da manipulação e do controle no planeta. Esse evento paralelo — a passagem para os prelúdios da realidade pentadimensional (o vestíbulo da consciência planetária superior, para usar uma metáfora) e as tentativas mundiais de controlar e refrear o espírito humano — será um confronto de forças iguais numa batalha decisiva. Na verdade, para o espírito humano essa guerra já começou.

Não há muita coisa que uma pessoa individualmente possa fazer para abrandar o destino da coletividade humana. Mas não se deixando controlar e manipular pela mente coletiva que está hipnotizando o mundo como um todo, cada um de vocês tem a possibilidade de influenciar seu próprio destino de maneiras próprias.

Para fazer isso, você terá que encontrar um meio de transcender suas próprias limitações e, com isso, estamos nos referindo às limitações de seu próprio modo de pensar, que foi imposto pelos governos, instituições e religiões. Você terá que encontrar meios de transcender as mensagens de medo e terror inculcadas na consciência humana pelos eventos que se desdobram à sua frente e pelos manipuladores invisíveis desses eventos. Se quiser sobreviver a esse período, você terá de transcender o que está acontecendo, ou parecendo acontecer, à sua volta. Você terá que encontrar seu próprio centro espiritual. Já explicamos anteriormente esse princípio.

Não existe nenhum meio mágico de fazer isso. Cada um de vocês dispõe de diversos caminhos que podem levá-lo ao ponto de equilíbrio de sua própria consciência e à percepção de sua própria divindade; e estando nesse ponto você pode desligar-se mais facilmente dos eventos que ocorrem ao seu redor. E assim, você terá aprendido a transcender o mundo. Um dos grandes mestres espirituais da humanidade disse certa vez: "Esteja no mundo, mas não seja do mundo". Este é um ótimo conselho para os tempos que estão à sua frente.

Mas não basta simplesmente desligar-se do mundo e transcendê-lo. Você terá também de transformar o mundo, não o mundo maior, que está fora de sua capacidade de mudar, mas o mundo ao seu redor, sua comunidade local de amigos, pessoas queridas e a Terra que está bem embaixo de seus pés. Esse é o mundo ao qual estamos nos referindo e esse é o mundo que você terá de transformar mesmo quando o mundo maior der a impressão de que está se deteriorando e desmoronando ao seu redor. Isso exigirá um alto grau de mestria espiritual. Nós não estamos dizendo que isso é ou será fácil, mas sim que é absolutamente imperativo que você tanto transcenda como transforme o mundo — simultaneamente — para poder passar pelo buraco da agulha.

E, assim, quando se sentir desanimado com o estado do mundo, nosso conselho é: transcenda esse comodismo para transcender a manipulação e a sensação de isolamento que estão sendo projetados sobre você, para poder transcender o modo de pensar coletivo. Essa é uma questão complicada porque você terá que abrir seu próprio caminho, que leve à alegria do seu coração, mesmo em meio a todo sofrimento que existe à sua volta. Haverá momentos no decorrer dos próximos anos em que as pessoas espiritualmente sensíveis sentirão o desejo de desistir de tudo. Nesses momentos, você terá que reencontrar inspiração e o modo como fazer isso cabe a você descobrir, mas nós temos algumas sugestões.

Desvie a atenção de si mesmo e dos seus problemas e concentre-se no mundo ao seu redor, para a Terra sob os seus pés, a comunidade local, seus amigos, pessoas queridas e os estranhos que vivem próximos de você. Descubra o que pode fazer para tornar o mundo em que você vive um lugar melhor. Na verdade, são coisas muito simples. Pode ser um sorriso, uma palavra de conforto, dar passagem a um motorista que esteja dando seta à sua frente; pode ser dar comida a alguém com fome; desligar o mecanismo de controle mental chamado televisão e brincar com seus filhos ou bichos de estimação. Pode ser plantar uma árvore. A lista de ações que podem influenciar o mundo diretamente à sua volta é interminável e oferece oportunidades para você se religar à sua comunidade local, mesmo quando as forças que manipulam o mundo tentam destruí-lo.

Entenda que há poder na simplicidade; esse é o motivo de tratarmos de coisas básicas e simples em nossas mensagens. Como sempre, sugerimos que você pratique o Hólon do Equilíbrio como um recurso altamente eficiente para lidar com as instabilidades energéticas assim que elas surgem. Também incentivamos que leve conscientemente uma vida de reconhecimento e gratidão, uma vez que a harmonia sutil criada por esses estados emocionais atua no sentido de dar-lhe proteção e ânimo mesmo com o mundo sucumbindo ao seu redor.

Aproveite cada momento de sua vida, mesmo com a sua cultura e economia passando por situações difíceis. Encontre o espaço dentro de si mesmo onde possa se desligar e transcender o que parece estar acontecendo ao seu redor. Fazendo isso, talvez você tenha a mais interessante das experiências. Você perceberá a brincadeira cósmica e tudo o que ocorre em seu planeta lhe parecerá uma transição tanto interessante quanto divertida para uma consciência mais elevada.

Essa sensação de divertimento, no entanto, só é possível, é claro, da perspectiva de uma consciência que se encontra na quinta dimensão ou acima. Nem sempre é possível perceber o humor intrínseco das situações que surgem num universo dualista — especialmente quando você está aprisionado dentro dele. É por isso que nós o incitamos a transcender o mundo — o mundo como você acredita que ele seja — e elevar-se a mais uma oitava da consciência. Um novo universo transbordante de possibilidades está à sua espera.

Nós somos os Háthores.

Capítulo dezoito

A GRAVAÇÃO DE UM CD MUITO ESPECIAL

TOM KENYON

Tudo começou da maneira mais inesperada possível. Eu estava respondendo a perguntas no final de um Curso de Cura pelo Som que dei em Seattle, Washington, em setembro de 2005, quando uma mulher levantou a mão para dizer que participava de uma organização sem fins lucrativos dedicada a pacientes de AIDS e HIV na África. Ela perguntou se eu tinha alguma gravação de sons que pudesse ajudar, uma vez que a situação estava assumindo proporções calamitosas naquela parte do mundo. Eu respondi que não tinha nada de importante para oferecer, uma vez que meu trabalho com imunologia psíquica até aquele momento havia se centrado na imunidade em geral e em nenhum aspecto específico.

Ela disse então que tinha um pedido a me fazer que, na verdade, era um desafio. Lembro claramente do momento em que ela falou e a sala toda ter sido de repente tomada por sua presença espiritual. "Eu quero pedir um favor a você. Sei que você é muito ocupado, mas a África encontra-se em dificuldades e eu sei que você pode ajudar."

A perspectiva de acrescentar mais uma tarefa à lista de projetos já assumidos deixou a minha mente atordoada. Eu ia começar a gaguejar algo em resposta quando notei por meio da clarividência um ser parado à minha direita. Era um curandeiro africano que estava dando força ao pedido. E então todos os meus guias, de repente, encheram o palco com suas presenças. Eu ouvi a minha própria voz dizendo: "Vou dar um jeito de arranjar tempo para fazer isso".

Bem, eu não fazia ideia de como arranjar tempo para dar conta de mais essa incumbência, pois já estava trabalhando de quatorze a dezesseis horas por dia em outros projetos de escrita e gravação. Eu estava sobrecarregado e, além disso, Judi e eu estávamos em meio aos preparativos para outra turnê de ensino pelo mundo.

Cerca de quatro dias depois daquele encontro, fui despertado às três horas da madrugada por meu grupo de treze Háthores. Eles disseram que estava na hora de eu começar a trabalhar para o programa de imunidade. Disseram que seria puro som vocal, sem o uso de frequências eletrônicas, e que ele seria canalizado com a ajuda de agentes de cura espirituais de muitas diferentes dimensões da consciência. Eles também me informaram que a maioria das gravações seria normalmente feita por volta das três horas da madrugada, visto que nessa hora havia o mínimo de interferência possível das formas coletivas de pensamento — inclusive de minha própria. Em outras palavras, eles me avisaram de que eu não teria muitas horas de sono nas semanas seguintes.

Na verdade, foram necessárias quatro semanas para gravar todas as trinta e duas faixas, cada uma contendo mensagens de um ser diferente canalizando sua luz espiritual em forma de sons audíveis. Foi uma experiência emocionante de expansão da mente, que me obrigou a ampliar os limites de meus próprios paradigmas e crenças.

As duas primeiras faixas foram gravadas pelos Háthores. Essas faixas, eles me informaram, ajudariam pacientes de muitos tipos de câncer, além de pacientes de HIV/AIDS e outros problemas imunológicos. Também fui informado de que a última gravação trataria da imunidade em diversos outros níveis — não apenas físicos, mas também emocionais e espirituais. Eu não sabia como tal façanha seria realizada, mas, à medida que o processo de gravação avançava, eu ia percebendo um quadro mais amplo. A imunidade não se resume à reação física de nosso sistema imunológico às ameaças imunológicas. Ela envolve tanto a percepção biológica de si mesmo quanto a percepção espiritual da própria identidade.

Depois das duas primeiras faixas, a energia vibratória dos agentes de cura espirituais mudou consideravelmente. Um curandeiro africano apareceu para mim por meio da clarividência, dizendo que gostaria de oferecer a medicina espiritual das plantas como ajuda, o que significava invocar os espíritos de determinadas plantas para aliviar problemas físicos e espirituais. Eu conhecia esse tipo de tratamento por experiência própria ministrado em duas ocasiões por dois diferentes agentes de cura. Esse método de trabalhar com os espíritos das plantas parece ter sua origem em antigas tradições de grande parte da América do Norte e do Sul, como também da África. Esse tipo de medicina pode também ter tradições em outras partes do mundo com as quais eu simplesmente não tenho familiaridade.

O que me impressionou naquele curandeiro/agente de cura foi o fato de ele obviamente não estar encarnado na Terra havia muito tempo, visto que muitas das plantas que ele usava para curar não existiam mais fisicamente na África. Elas estavam extintas havia muito tempo. Por um momento, ele me pareceu pesaroso e descrente. Mas, então, eu o vi atravessar as estrelas e os mundos espirituais para encontrar seus irmãos e irmãs espirituais (suas plantas medicinais) em outros planos da consciência. Então, ele os invocou e trouxe sua medicina espiritual de volta para a Terra nos sons que entoou através de minha voz. Quando aquela sequência terminou, eu estava soluçando diante do poder das energias e do sofrimento do que eu havia acabado de presenciar. Saí da cabine de gravação e encontrei um grande homem africano pairado no espaço etéreo do estúdio. Eu o reconheci como sendo um guerreiro Masai [tribo de pastores e caçadores do Quênia e da Tanzânia]. Ele fez uma reverência e nós comungamos de alguns instantes de silêncio — ele me agradecendo por eu ter cumprido a minha promessa e eu agradecendo-o por sua visita.

Com o passar dos anos, fui me acostumando a canalizar muitos diferentes tipos de energias e seres espirituais. Mas eu nunca havia canalizado tantos tipos diferentes de energia num período de tempo tão curto, e a experiência alterou profundamente minhas percepções dos mundos espirituais.

Eu pude reconhecer alguns dos seres que transmitiram sua cura, por meio do canto, das esferas da luz para o mundo do som — lamas do Tibete; curadores do antigo Egito, da Índia e da Pérsia. Alguns deles eram alquimistas da mais elevada ordem e outros eram deusas e deuses criadores, pertencentes a tempos e lugares antigos para os quais não temos nomes.

Quando aproximadamente um terço do processo de gravação já estava pronto, um grupo de anjos começou a baixar seus códigos de cura. Cada um desses códigos era associado a formas geométricas específicas de luz e, quando cada anjo cantava através de mim, eu era erguido para alturas tais que literalmente cambaleava para fora da cabine de gravação quando acabava a sequência. Eu reconheci alguns daqueles seres angélicos como pertencentes às tradições cristã e islâmica.

Mas alguns deles me eram desconhecidos. A única percepção que eu tive deles, além de seu poder e majestade, foi que haviam sido enviados do âmago do Divino para contribuir com a imensa tarefa de curar o planeta.

Eu jamais vou me esquecer de uma sessão, quando, mais ou menos no meio da gravação, testemunhei o Tao enviando uma forma de pura energia vital (chi) do Firmamento Informe para o padrão sonoro. O som parecia não ser deste mundo, mas, ao mesmo tempo, era profundamente terapêutico. Cada célula do meu corpo recebeu tanto conforto como nutrição daqueles sons primordiais. Durante uma sessão, vi quando o Buda Azul da Medicina invocou uma extraordinária forma de luz curativa do Sambhogaya (o reino tibetano de pura luz e som). Vi quando ele mobilizou a luz e baixou as frequências vibratórias daquela luz espiritual para as do som espiritual.

Em outra sessão, um xamã mongol invocou o deus da cura com cabeça de cavalo conhecido pelos tibetanos como Hevajra. Quando Hevajra se manifestou no interior das esferas de luz, vi milhares de cavalos selvagens atravessarem correndo as planícies da Mongólia — um portentoso sinal do poder primordial de cura que estava sendo ativado por meio dos sons.

Em outras sessões, xamãs e curandeiros da tradição dos índios americanos cantaram e invocaram por meio da intenção os poderes de cura. Um desses xamãs em particular me impressionou profundamente, a figura lendária de imenso poder de cura que era a Mulher Filhote de Búfalo. A voz dela vibrou com tamanha potência que me deixou encantado e, ao mesmo tempo, cheio de admiração pelo poder de cura do feminino.

Durante 28 dias, nas primeiras horas da manhã, esses diversos seres extraordinários se juntavam com um único propósito: transmitir ao mundo uma forma de cura e poder numa época de desesperadora necessidade. Linhagens espirituais que raramente se encontram e que muitas vezes estão em conflito neste mundo se uniram para gerar um poder de cura que me deixou perplexo e sem fala.

Quase no final do processo de gravação, tanto Maria Madalena como Jesus uniram suas próprias vozes ao coro em favor da cura. Para mim, aquilo tudo teve um efeito tanto calmante quanto integrativo. Ao longo do processo de gravação, eu ouvia cada nova voz se juntar às já presentes. Em algumas poucas vezes os sons revelaram, com sua força e volatilidade, um intenso poder catalisador. Eles me deixaram trêmulo, como também a todos os que os ouviram, devido à liberação de uma grande quantidade de negatividade pessoal. Com a entrada de Maria Madalena e Jesus, embora a liberação de negatividade tenha continuado, passou a haver uma sensação de bem-estar e estabilidade. O terreno fértil para a cura estava preparado. Tudo o que faltava eram as sementes da intenção, as quais cada ouvinte irá semear ao saber os códigos. Agora já está muito claro para mim que esse singular programa psicoacústico é uma matriz cocriativa. Trata-se de uma trilha acústica de luz espiritual por meio da qual as intenções e energias terapêuticas desses agentes de cura espirituais podem se combinar com as intenções dos que a ouvem.

CONSIDERAÇÕES SOBRE IMUNIDADE, CRENÇA E CURA

Eu passei a ver a imunidade num contexto muito mais amplo do que meramente como uma resposta imunológica de nosso corpo a patógenos. De uma perspectiva biológica, o nosso sistema imunológico é um modo de separar o que é nosso do que não é. Se algo (quer dizer, uma bactéria ou vírus) invade o nosso corpo, o sistema imunológico trata rapidamente de apurar se esse algo faz ou não faz parte do corpo. Se ele não é reconhecido como parte de nossa biologia pessoal, o sistema imunológico mobiliza seus recursos para destruir o invasor tóxico.

A resposta imunológica do organismo é bastante complexa e envolve uma combinação de muitos fatores, desde genéticos, alimentares e ambientais, como de vitalidade pessoal e/ou padrões mentais/emocionais. Esse último aspecto da imunidade é muitas vezes chamado de psicoimunologia ou psiconeuroimunologia. Esse campo de pesquisa estuda como os nossos pensamentos e especialmente as emoções afetam o nosso sistema imunológico. E embora tais coisas efêmeras como pensamentos e sentimentos sejam apenas uma pequena parte do quebra-cabeça imunológico, essa é uma parte importante e intrigante dele.

No nível prático, quem deseja fortalecer sua função imunológica precisa estar consciente da necessidade de melhorar a qualidade do ar, da água e especialmente dos alimentos que ingere. Períodos regulares de repouso também se revelaram importantes para o bom funcionamento do sistema imunológico. Tais períodos de repouso favoráveis à saúde são caracterizados por aumentos da atividade cerebral das ondas alfa e teta. Certas modalidades de meditação são ideais para se alcançar esses estados cerebrais que reduzem o nível de stress. Estudos demonstraram que as pessoas que meditam vinte minutos uma ou duas vezes por dia tendem a ter tanto uma função imunológica melhor como mais bem-estar do que aquelas que não meditam.

Mas o tipo de imunidade ao qual estou me referindo não se restringe à resposta física de nosso sistema imunológico. Esse contexto mais amplo da imunidade é uma expressão daquilo que eu chamo de nossa *assinatura vibracional*.

Essa assinatura (ou tonalidade) vibracional tem relação com a nossa vida emocional, mais especificamente com o que estamos sentindo em determinado momento e especialmente com as emoções habituais que são componentes comuns de nossos hábitos pessoais de pensar e sentir. Conceitualmente, eu coloco os diversos estados emocionais em uma das duas seguintes categorias: emoções coerentes ou emoções incoerentes.

Emoções coerentes são sentimentos como amor, estima, paz de espírito, gratidão e outros do tipo. Emoções incoerentes são sentimentos como ódio, inveja, carência de algo, agitação mental e outros semelhantes. As pessoas em geral preferem sentir emoções coerentes pelo fato de elas exercerem efeitos coerentes sobre seus corpos e mentes. As emoções incoerentes nos causam desconforto por produzirem efeitos perturbadores num nível energético sutil.

Existem alguns estudos fascinantes demonstrando como emoções incoerentes (como a hostilidade, por exemplo) podem afetar negativamente a resposta imunológica do nosso corpo e até mesmo o nosso ritmo cardíaco. Mas dificilmente há unanimidade científica com respeito a como e em que medida a nossa saúde é afetada por nossa vida emocional. Mas eu não pretendo, por enquanto, tratar dos mecanismos psicológicos e fisiológicos da imunidade física.

O tipo de imunidade que eu quero focar neste momento é o contexto mais amplo que mencionei anteriormente. Dessa perspectiva metafísica, nós somos bombardeados todos os dias por todos os tipos de toxinas e patógenos. Mas essas toxinas não se restringem meramente ao plano físico, no qual a ciência, por necessidade, está focada. Esse tipo de contaminação inclui também o que eu chamo de toxicidade mental, emocional e até espiritual.

Quando somos enganados por alguém, um grupo ou uma sociedade, somos contaminados por um tipo de toxina mental, emocional ou espiritual. Esse tipo de informações falsas tem uma longa história e tradição, incluindo os tipos de falsidade que existem dentro dos sistemas familiares, das sociedades e dos dogmas culturais e religiosos, para não mencionar as informações falsas disseminadas pelos governos e corporações. Como em sua totalidade, esse sistema é algo extremamente complexo, eu vou fazer o melhor possível para simplificar alguns dos conceitos básicos.

Para começar, tomemos como exemplo o contexto familiar. Numa família ideal (que, por sinal, não existe), a relação entre os pais é equilibrada e seus filhos incorporam esse equilíbrio em sua própria constituição psicológica ao longo do processo de crescimento e de interação com as duas figuras ideais de pais. Mas, na vida real, raramente a relação de poder é equilibrada. Normalmente, um costuma deter o controle e exercê-lo sobre todos os outros. No fascinante caleidoscópio que é a experiência humana, a figura dominadora pode ser direta ou passiva em sua manipulação do poder. Ela pode virar um touro enfurecido quando as coisas não são como ela quer, deixando todos da família apavorados. Ou pode ser o que muitos consideram um "tirano sutil" para conseguir o quer.

O tirano sutil é passivo-agressivo e nunca enfrenta uma situação de frente com franqueza e honestidade. Suas manobras de poder são executadas secretamente (quer dizer, inconscientemente, pelo seu próprio inconsciente e/ou sobre o inconsciente das pessoas próximas) e muitas vezes com uma aparência de desamparo e culpa. Algumas dessas pessoas usam a doença, por exemplo, ou a ameaça de uma doença como meio de obter o que querem.

Quando éramos crianças, criados num sistema familiar, inconscientemente assimilamos e aceitamos as crenças implícitas (modos de pensar) a respeito da vida, das relações e do mundo — bem como o lugar que temos ou não temos nele. Os padrões emocionais que vemos representados diante de nós na infância são incorporados como parte de nosso ser. Comumente, nós incorporamos tais padrões emocionais e modos de pensar como se fossem nossos ou, em alguns casos, rebelamo-nos contra tais padrões e crenças. A pessoa que faz isso corre o risco de ser considerada a ovelha negra pelos outros membros da família — aquela que se recusa a se enquadrar nas crenças e expectativas da família.

Quando uma crença ou manipulação de poder contraria a natureza autêntica de um dos membros da família, surge em consequência um tremendo conflito psicológico e até fisiológico naquele que está fora dos trilhos e não segue o programa estabelecido. Em algumas famílias, um nível brando de rebelião é até certo ponto tolerado.

Em outras famílias, entretanto, todos os membros têm que seguir um padrão muito rígido de vida mental e emocional. Por exemplo, cortar ou não cortar o cabelo pode ser um assunto de grande controvérsia em certas famílias. Namorar ou até mesmo ter amizade com alguém de outra religião, grupo cultural ou raça pode ser visto com hostilidade em outras. E existem famílias que deserdam os próprios filhos por seguirem carreiras diferentes das que esperavam.

O importante a ressaltar aqui é que as nossas crenças (modos de pensar) e emoções passam a ser parte de nós por meio de um processo de assimilação mental e emocional. Em outras palavras, nossos pensamentos e emoções passam a ser parte de nossa própria carne. A constituição do corpo não é resultado apenas do que comemos e bebemos, mas também do que pensamos e sentimos.

Eu acredito que a coerção para nos fazer pensar ou sentir de determinadas maneiras seja um dos principais fatores prejudiciais à nossa evolução espiritual, mental e cultural. Quer ela se manifeste no contexto familiar, entre amigos, nas relações de trabalho ou em contexto religioso, com respeito a como contemplamos ou concebemos o divino em nossa mente, ou ainda nas instituições políticas, o mecanismo de toxicidade é o mesmo.

Obrigar ou esperar que alguém pense e sinta de determinada maneira — contra a sua própria natureza e interesses mais legítimos — pode ser uma maneira de lhe impingir-lhe uma toxicidade mental e emocional. Alguns de nós conseguimos lidar com essa toxicidade, mas, em outros, seu efeito é tão nocivo que chega, em alguns casos, a provocar doenças físicas, as quais eu chamo de doenças espirituais (pelo fato de a vitalidade do espírito ter sido sufocada, reprimida ou exaurida). Eu acredito que nas próximas décadas a ciência terá muito a dizer a respeito desse processo de assimilação mental e emocional — ou sobre como nossos pensamentos e sentimentos se tornam físicos — mas por enquanto esses conceitos são mantidos à margem. Mas, para usarmos de franqueza, o mesmo ocorre com tudo o que estamos falando sobre imunidade.

Para certas pessoas, a ideia de que seres espirituais possam se manifestar através da voz de alguém e cantar códigos de cura, que realmente possam ajudar as pessoas, não passa de um absurdo. Para outras, no entanto, ela simplesmente faz sentido. Tudo depende das crenças da pessoa sobre a realidade e o que é possível — sem falar nas próprias experiências de vida.

Eu tive que expandir continuamente minha própria "caixa perceptual" ao trabalhar com esses agentes de cura espirituais e, para ser franco, a minha percepção da realidade foi afrontada em muitas ocasiões. Mas o que me restava, na maioria das vezes, era um profundo sentimento de gratidão pelo que eles estavam orquestrando para o nosso bem (da humanidade). Também a qualidade vibratória de cada um deles me deixava profundamente impressionado. Depois de ouvi-los, eu quase sempre era tomado por emoções profundamente coerentes — sentimentos como amor, gratidão e uma profunda sensação de cura e paz interior. Depois de cada uma das sessões de gravação deles, eu ficava tocado e comovido pelo poder de enaltecimento que suas vozes transmitiam.

Mas também ficava claro para mim que suas vibrações espirituais elevadas também exerciam um efeito catalisador sobre mim. Um dos princípios da cura pelas vibrações é que uma vibração mais elevada ou expulsa ou transforma uma vibração mais inferior. Portanto, após ouvir as gravações daqueles seres, era comum eu tomar consciência das minhas próprias formas-pensamento inferiores (quer dizer, formas-pensamento que restringem a liberdade de expressão e a evolução).

Às vezes, eu chegava de fato a recordar os incidentes de meu passado que haviam sido os responsáveis por tais pensamentos e crenças, enquanto, outras vezes, eu simplesmente sentia que eles me abandonavam sem deixar qualquer conteúdo ou lembrança.

Assim, passei a considerar essa experiência de gravação como um poderoso meio de purificação espiritual. E essa pode, de fato, ser a principal fonte de seu poder.

Por meio de seus cantos para nós, esses agentes de cura espirituais conseguiram colocar luz espiritual nos sons audíveis. E esses sons atuam como uma espécie de transformador espiritual. Eles removem toda negatividade mental, emocional e espiritual (a toxicidade) e criam dentro de nós espaço para que a nossa própria luz espiritual possa se ancorar mais profundamente e se manifestar mais claramente.

Eu acredito que, por meio desse processo, as nossas próprias capacidades inatas de cura possam também ser intensificadas.

Ler o artigo (que eu achei incrível) e ouvir a música foram duas experiências bem diferentes. Imaginar (ver) todos aqueles seres emitindo seus sons curativos através de você foi uma experiência por si mesma incrivelmente maravilhosa e eu acho que todos que a leram também desfrutaram imensamente a leitura. Eu gostaria que eles soubessem como um CD de música interdimensional pode ser elaborado.

Como todos esses diferentes sons podem no final oferecer um som coeso? Nós passamos dos Háthores para a energia do Tao e dali para um curandeiro africano com suas ervas medicinais e muitas outras. Para um ouvido não treinado, os sons parecem similares no final. Como você consegue receber todos esses diferentes sons e fazer com que soem como se fossem o "mesmo" som?

Se ouvisse todas as 32 diferentes faixas tocadas simultaneamente no mesmo volume, você ouviria uma cacofonia de sons dissonantes.

Quando fiz a mixagem, entretanto, eu coloquei em evidência a coesão que lhe era inerente, o que exigiu dezenas de horas de audição e mixagens prévias para encontrar o equilíbrio certo das faixas.

Apesar de não ter mencionado isso no artigo, um incidente interessante ocorreu mais ou menos no meio do processo de gravação. Como as vozes dominantes eram altamente catalisadoras, as pessoas que ouviram a gravação tiveram reações intensas e passaram por um forte processo de purificação. Foi só quando as vozes mais calmas e menos catalisadoras foram acrescentadas que as pessoas puderam ouvi-las sem apresentar reações tão intensas.

Todas as vozes estão presentes na gravação, mas algumas são mais dominantes do que outras. A combinação de todas as vozes afeta o dinamismo da gravação, mesmo que algumas delas permaneçam mais no plano de fundo.

Muito obrigado.

Terceira parte

O ALTO CONSELHO DE SÍRIO

INTRODUÇÃO DE PATRICIA CORI

Há pouco mais de dez anos, deitada num círculo em uma plantação, perdi a consciência por mais de duas horas e, quando retornei ao meu corpo, eu era outra mulher: havia sido "transformada" para receber estruturas conceituais de um brilhante grupo de seres de luz que se apresentaram a mim como "Representantes do Alto Conselho de Sírio". Eles já se fizeram presentes por meio da palavra escrita, falaram conosco em círculos nas plantações e continuam a fazer contato conosco em muitos níveis nesta empolgante era de despertar para a nossa semente estelar. Eu agradeço a eles, mais uma vez, por seu amor incondicional e sua compaixão, como também por nos ajudarem a entender a natureza do Cosmos e a infinitude de toda Criação.

Considerando-se que eu sempre lidei razoavelmente bem com fenômenos como a canalização e mediunidade, como também com respeito à fonte de seu saber, achei profético, em certo sentido, o fato de eu me ver diante da realidade de servir de veículo para que mensagens de seres extradimensionais interessados em nossa evolução e dinâmica planetária pudessem ser transmitidas ao mundo.

Como a voz do Alto Conselho de Sírio, eu tenho percorrido uma jornada incrível, transmitindo sua sabedoria e compaixão para uma crescente audiência global de incontáveis sementes estelares e buscadores espirituais como vocês, que estão se preparando para ajudar a mostrar a saída para fora dos programas que restringem os nossos pensamentos e que há tanto tempo limitam a percepção de nossa verdadeira condição de seres galácticos.

Suas obras, *The Sirian Revelations*, mostraram-nos os grilhões que têm nos mantido aprisionados ao medo e à resignação, como também nos indicaram as chaves para a nossa libertação. Elas constituem o "aqui e agora" da nossa experiência ao atravessarmos os corredores da transição que nos prepara para penetrar na luz brilhante da Chegada.

Estamos ativando as nossas redes energéticas, tanto dentro como fora de nossos seres físicos. Estamos juntando as partes que se perderam, que ficaram esquecidas e dispersas e, acima de tudo, estamos recordando quem somos e por que estamos aqui. Ao fazermos isso, assumimos a responsabilidade pelo mundo que criamos e reconhecemos que *escolhemos* estar aqui. Esta é a chave:

saber que passar por esta experiência é escolha nossa! A partir dessa decisão voluntária, podemos apenas concluir o óbvio: que ela nos serve, no nível espiritual, para viver a experiência de tudo o que está acontecendo nesta época de incertezas e expectativas. Totalmente conscientes e preparados para tudo o que possa ocorrer nestes dias de grande mudança, nós nos tornamos mais fortes quando reconhecemos a zona de livre escolha da manifestação criativa.

Uma vez superado o medo crescente, estimulado por aqueles que preferem nos manter aprisionados, reconhecemos que estamos diante do momento mais importante da humanidade: a reunião com a nossa família galáctica, nossos legítimos ancestrais, e na iminência de um passo gigantesco na evolução de toda a vida do nosso planeta. Apesar da escuridão que vivemos nessa hora de parto, estamos prontos para nascer para a luz de um novo alvorecer, a mais extraordinária de todas as nossas expectativas.

Solicitada a participar da criação desta obra profética sobre o que está por vir, sinto-me honrada em trazer para vocês a visão e os ensinamentos do Conselho da cidade sagrada de Abidos, no Egito, onde estou fazendo notáveis novas descobertas com respeito aos segredos antigos. Essas serão, em breve, apresentadas em minha próxima obra, *Where Pharaohs Dwell*, que juntará muitas pontas que ficaram soltas em torno da história de Atlântida e das jornadas dos atlantes para terras distantes.

Ao nos aproximarmos cada vez mais da data assinalada pelo calendário maia (21 de dezembro de 2012), vemo-nos projetando mais e mais no futuro. No entanto, como diz o Conselho, o futuro é uma ilusão — uma mera projeção de nossas experiências e pensamentos coletivos. Eles nos incitam a lembrar que somos nós que criamos e participamos do desenrolar de todos os acontecimentos. A mensagem mais importante deles é para nos lembrar de sermos destemidos, generosos e afetuosos — procurar aumentar a frequência vibratória de nossos corpos e mentes, para podermos irradiar a nossa luz interior para o mundo que nos rodeia.

Que enquanto procuramos pelos videntes, lemos as profecias e deliberamos o futuro não esqueçamos jamais que a nossa amada Mãe Terra, Gaia, é resultado de seu karma e que cada um de nós exerce um papel nele. Cada pensamento, emoção e ação de nossa parte atravessa seu coração e sua alma e ela responde com sons altos o bastante para que possamos ouvir e perceber a nossa intenção coletiva.

Enquanto espiamos o futuro ilusório nesta obra, que jamais esqueçamos que é apenas o presente da vida atual que temos o poder de mudar. Podemos aumentar a frequência vibratória, por meio do coração, tornando o mundo interior e exterior um lugar mais iluminado. Que honremos essa responsabilidade, comprometendo-nos a cada dia e a cada instante a fazer o melhor possível para iluminar as trevas com o amor de Um Só Coração — segurando uma lanterna para aqueles que estão perdidos no medo e na desesperança.

De acordo com as palavras eloquentes de meus queridos mestres do Alto Conselho de Sírio:

"Sejamos destemidos como o leão; argutos como a águia; e dóceis como a pomba: que jamais duvidemos de nossa força; jamais percamos nosso rumo; jamais nos esqueçamos de que somos a *vibração ascendente de Gaia.*"

Meus agradecimentos a Martine Vallée,
Por ter-me acolhido calorosamente neste projeto
e pelo compromisso de resgatar a sabedoria de Alexandria das fogueiras
da ignorância do passado.
Te abraço com amor.
Patricia Cori
"Trydjya", escriba do Alto Conselho de Sírio
www.sirianrevelations.net

MENSAGEM DO ALTO CONSELHO DE SÍRIO

Saudações a todas as sementes estelares. É com imenso prazer que estabelecemos contato com vocês neste momento do tempo/espaço. Nós, os porta-vozes do Alto Conselho de Sírio, representamos a consciência de incontáveis habitantes de Sírio que estão entrando em contato com a Terra, vindos do sistema estelar ascensionado de Satais ou Sirius B. Nós somos mais velhos, muito mais velhos do que vocês, e sabemos muito a respeito da raça humana, pois os nossos antepassados participaram do Grande Experimento — a semeadura da raça humana.

Em momentos decisivos do processo de desenvolvimento humano, nós nos materializamos no plano terreno, assumindo formas materiais para melhor servir à humanidade — a semente estelar do Universo. Isso ocorreu na época do segundo ciclo de Atlântida, quando a humanidade floresceu à luz daquela civilização; também ocorreu no antigo Egito e está prestes a ocorrer de novo, no término do calendário maia.

Nós viemos para servi-los neste momento de sua evolução para o corpo de luz, pois sabemos o que lhes aguarda — conhecemos o seu processo. Muitos são os seres de luz focados agora na transição da Terra; as consciências de Plêiades e Andrômeda são algumas das que estão trabalhando com vocês e unindo-se a nós para aumentar a frequência vibratória.

Vamos, portanto, iniciar a nossa intervenção dizendo que todos os seres conscientes do Cosmos da Alma escalam a espiral da escuridão para a luz. Faíscas da luz infinita, de quando nos separamos do Criador Primordial, saltam então para o abismo de escuridão, para conhecer a magnitude de tudo o que a mente de Deus abrange. Uma vez perdido o fascínio pelos mistérios do reino das sombras, nós prosseguimos para escalar a espiral da experiência do "Eu sou" para finalmente alcançar a plena iluminação e retornar, para voltar a nos fundir no absoluto da Unidade com toda a Criação: o Atum, o átomo — o Tudo Que Existe.

Isso existe em todas as "unidades" biológicas vivendo em seu lar planetário; em cada ser senciente do universo, como também em cada outra estação do Cosmos, onde a vida, em uma ou outra forma, viceja. Existe na densidade dos reinos minerais, onde as unidades moleculares da consciência se movem tão lentamente que não *parecem* ser manifestações da consciência — embora, de fato, elas sejam conscientes. Viceja nos reinos animais da terra, do mar e do céu e, finalmente, na espécie *Homo sapiens*, a forma mais elevada de vida inteligente no mundo dos seres humanos. Existe em abundância na microsfera, da qual vocês têm uma percepção muito limitada. Apesar de seus inúmeros aspectos e formas, todos seguindo diferentes compassos e ritmos (pois essa é a natureza da música da existência), todas as formas de vida fazem parte do mesmo crescendo musical, passando finalmente das trevas para a luz em todas as suas manifestações.

Enquanto faíscas que explodem da consciência, nós somos como brasas de uma fogueira, lançadas das chamas ardentes, que então voltam para acender e queimar na mesma fogueira, atraídas de volta para a sua fonte... para com ela se fundir. Em essência, nós passamos uma eternidade lembrando que o lugar para onde estamos indo é o mesmo de onde viemos e que essa é a experiência definitiva. Isso, sementes estelares, é o que viemos aprender; é isso que viemos recordar.

A divindade no interior de todos nós é esquecida quando damos aquele salto audacioso para dentro da matéria mais densa, nos separando (em certo sentido) da Fonte e mergulhando nas profundezas do abismo. Somos distraídos por nossa própria ilusão, os campos de oposição, luz e trevas — pois explorar a obra de arte do Criador em todos os seus matizes e complexidades é o que nos dá uma razão para viver enquanto unidades individuais com livre-arbítrio, da imensa luz do Espírito.

Na jornada de autodescoberta, passamos muito tempo dedicando uma quantidade incalculável de energia ao plano físico no qual vocês se encontram atualmente — a terceira dimensão. Ali, depois de nossa aparição vinda da noite aparentemente ímpia, cada um de nós se vê diante de uma escolha: a oportunidade de rastejar, caminhar ou saltar pelos campos da ilusão. Nós consideramos cada experiência de luz e trevas, a dualidade dos planos inferiores, e decidimos, por livre escolha, por quanto tempo queremos permanecer na sombra, mas sabendo, no nível essencial e absoluto da alma, que tudo acaba escalando a espiral. Tudo — cada pensamento consciente, cada ser vivo — acaba ascendendo para a luz.

Nesta jornada, somos assistidos por aqueles que nos precederam. Eles deixam seus sinais e ensinamentos para nos ajudar a fazer a escalada que nos leva ao céu... o caminho de volta.

Esses ensinamentos são com frequência dádivas dos seres altamente evoluídos que deixam testemunhos para o questionamento e busca de entendimento de sua própria imortalidade, como no caso das civilizações avançadas de muitos mundos ancestrais de Gaia.

Saibam que temos trabalhado com o veículo Tridjya (Patricia Cori), desde a sua aparição física na metade do ciclo de Atlântida, onde ela serviu como Guardiã dos Cristais. Como muitos de vocês, ela retornou à forma física durante a última geração da civilização de Atlântida, um débito kármico que trouxe vocês, filhos de Atlântida, de volta para servir na época atual. Sob a nossa tutela, o nosso canal, Trydjya, conduziu a si mesma para o Santos dos Santos, o Osireion, na região de Khemit (Egito), como parte de sua busca dessa luz. Haverá desafios em sua missão, uma vez que as verdadeiras iniciações — os grandes saltos — são muitas vezes repletas de obstáculos... e muitas provas.

Nós somos capazes de entrar em ressonância com ela quando ela se sintoniza com os níveis vibratórios extremamente potentes e quando sente mudanças de frequência vibratória no interior de si mesma. Essa é, em muitos sentidos, uma densidade diferente — muito mais leve e desobstruída — daquela com a qual está acostumada na cidade em que mora (Roma) e uma vibração muito mais elevada é sentida por todos quando nós iniciamos a comunicação. É um portal entre a vida e a morte, a matéria e o espírito — uma passagem para os Salões de Amenti.

Enquanto a nossa mente coletiva dança sobre os raios de luz das impressões antigas, a adoração dos deuses, nós celebramos com ela. Sentimos seu assombro, quando anda pelos corredores dos ídolos dos faraós, os deuses do Panteão de Abdu (Abidos). Conhecendo as grandes obras de que a humanidade é capaz, nós contemplamos o renascimento de seus ancestrais mortos, incrustados nas paredes, assim como são gravados com água-forte no ethos e no inconsciente coletivo da humanidade. E sentimos sua adrenalina aumentar quando ela perscruta os túneis escuros da história para encontrar as verdades que estão ali à sua espera.

Muitos de vocês encontram ressonância nessas esferas da consciência, onde os portadores da luz da antiga Atlântida reconstruíram as civilizações arquetípicas daqueles reinos desaparecidos. Nós entendemos sua sede de saber, agora que a Atlântida está ressurgindo em suas memórias e experiências coletivas. E nós lembramos, pois lá também permanece a marca de Sírio, imortalizando a passagem de nossos antepassados. Nós guiamos o nosso canal Trydjya até o Santos dos Santos para revelar, da perspectiva de Sírio, seu significado para a mudança que está ocorrendo na realidade da evolução humana neste momento. Naquele lugar sagrado, nós acolhemos os pedidos de vocês para que apresentemos nossas visões daquele ponto do *continuum* espaço-tempo.

Como uma luz reluzindo numa pedra preciosa, aquele local é no *continuum* espaço-tempo o ponto de referência com o qual vocês marcarão os movimentos mais significativos do crescendo das energias celestiais preparando-se para a ascensão estelar. Gaia, a grande mãe de vocês, irá tremer como nunca antes tremeu, obrigando-os a deixarem a segurança do conhecido. Rá, o sol que ilumina o planeta de vocês, fará recair sobre vocês as mais incríveis tempestades energéticas, que atingirão tanto a atmosfera como além dela, impondo grandes desafios a vocês todos.

A consciência materialista que prevalece perderá força e, por mais difícil que seja para muitos abrir mão das posses e necessidades, crescerá o número daqueles que retornarão à simplicidade da troca e do compartilhamento. O ano de 2009 foi um ano de manifestação em seu processo de preparação para a Era do Espírito. Vocês lutarão para manter o que sentem que é seu ou irão abrir mão disso e deixar que seja feita a vontade de Deus?

Por mais difíceis que sejam suas decisões, sua alma será guiada. Cada um de vocês encontrará o seu caminho. Seja esperneando e gritando ou seguindo confiante em direção ao desconhecido, cada um de vocês enfrentará o novo com destemor, curiosidade e prontidão.

Vocês, sementes estelares, são abençoados por viverem este momento de revelação. Nós os acolhemos na luz de tudo o que é compartilhado na espiral do ser infinito, onde cada um é o Todo e o Todo é Um.

Nós somos o Alto Conselho de Sírio.

Capítulo dezenove

O MISTÉRIO DO EGITO

Antes de entrar no propósito da missão de Patricia Cori no Egito, em benefício dos leitores, eu gostaria de debater alguns aspectos do Egito que continuam sendo um mistério. Muitos de nós que vivem hoje tiveram uma ou muitas vidas naquele país depois do afundamento de Atlântida.

Em meu entendimento, o Egito antigo parece ser quase um planeta à parte. Ele parece ter se desenvolvido a um ritmo extraordinário comparado com outros do mesmo período. Não é de surpreender, uma vez que sua população era constituída de sobreviventes de Atlântida. Ele parece ser a sociedade mais bem organizada daquele período e em muitos aspectos estava bem à frente de outras civilizações daquela época.

Como o fim de Atlântida era bem conhecido desde muito tempo antes, assim como seu envolvimento na história do Egito, o Alto Conselho de Sírio simplesmente decidiu concentrar ou preservar o conhecimento de Atlântida num único lugar da Terra em função do que aconteceria no futuro?

Vamos lembrá-los de que cada alma de cada plano da consciência é mestre de seu próprio destino no nível individual e cocriadora da experiência coletiva, com a qual está sintonizada do ponto de vista vibratório. Como seres da terceira dimensão que habitam a Terra, vocês são cocriadores da experiência da Terra. A Terra, por sua vez, é cocriadora de seu ser estelar, Rá, do qual também é um aspecto e um reflexo.

Nós, inteligências de dimensões superiores, focamos os eventos que ocorrem em nossas realidades, que são inevitavelmente resultado dos espíritos que evoluíram conosco até esse ponto da espiral da consciência. Entretanto, como o Todo é Um no Cosmos da Alma, a consciência de cada nível, de cada indivíduo e de cada dimensão é um reflexo do Todo e somos, portanto, tanto afetados pela realidade de vocês como também participantes ativos dela.

Não é nosso desejo nem nossa responsabilidade decidir o que deve resultar do desenrolar dos acontecimentos na esfera de vocês, pois seria um ato que alteraria seu processo kármico, como também o nosso.

Em vez disso, nós intervimos a intervalos diversos, em certas esferas da evolução, no sentido de projetar mais luz na espiral, onde aqueles que ascendem dos diversos degraus dos reinos de escuridão e sombra possam ver mais claramente o que têm à sua frente — onde a luz se torna mais intensa a cada degrau.

Quanto à questão de Atlântida, nós pedimos que vocês considerem que o conhecimento daquele mundo antigo não se limitou às terras do antigo Egito — a região do Khemit. Mas que ele se difundiu por muitos lugares da Terra, uma vez que o continente de Atlântida se estendia de suas costas nórdicas, frias e geladas, até seu extremo sul, muito além das cálidas regiões equatoriais e que, portanto, tinha acesso e contato com as populações indígenas de todas as descrições e lugares imagináveis.

Nós acreditamos que vocês estejam percebendo isso agora, quando estão descobrindo as filosofias, as construções, a magia e os alinhamentos astronômicos de Atlântida em quase todos os continentes do mundo moderno. Vocês estão descobrindo os temas recorrentes nas antigas lendas. Muita coisa está vindo à luz agora a respeito de suas verdadeiras origens, seu código DNA legítimo e, em breve, os segredos de Atlântida — e tudo o que ocorreu lá — também serão revelados. O Salão dos Registros abaixo da Grande Esfinge já foi localizado — mas ainda não foi ativado. Outra câmara secreta encontra-se dentro da própria pirâmide — que também já foi descoberta, mas seu propósito ainda não foi revelado, porque aqueles que atualmente detêm as chaves de suas portas não são seres de luz e não atuam em nome do amor. Eles escavam freneticamente nos campos de energia solar do complexo de Gizé, sendo incapazes de juntar as peças, uma vez que fragmentos de suas próprias almas estão espalhados como estilhaços pelas areias do tempo.

Nosso conselho é que vocês não tenham medo nem criem ilusões tenebrosas em suas próprias mentes. Os Mestres Trabalhadores da Luz de seu majestoso planeta serão capazes de ativar a energia de Gizé e de todas as outras usinas geradoras de energia de Atlântida quando chegar a hora de ativar os Salões. Para aqueles entre vocês que duvidam de nossa afirmação "Os Mestres Trabalhadores da Luz de seu grande planeta irão ativar a energia de Gizé...", nós a reafirmamos. Os seres humanos altamente evoluídos *são* seres de luz. Existem muitos deles entre vocês atualmente e muitos outros irão alcançar a iluminação na hora da Grande Mudança — e eles serão guiados pelos Mestres Ascensionados. Alguns deles vocês já conhecem, mas outros estão ainda por se revelar à sua percepção consciente.

Assim como as areias do tempo esconderam, elas também revelaram, à espera das devidas coordenadas no contínuo espaço-tempo. Tudo está em perfeita ordem enquanto vocês se aproximam do ponto de aceleração da passagem da densidade para a luz. Os treze crânios de cristal de Atlântida estarão reunidos quando isso ocorrer. Os geradores de luz de Atlântida iluminarão as passagens. Os Salões de Amenti se materializarão diante de seus olhos. Isso, tudo isso, ocorrerá ainda no decorrer da vida de cada um de vocês.

Pedimos que vocês tenham sempre em mente que grande parte da sabedoria monumental da civilização de Atlântida, com seus conhecimentos e tecnologias, era repleta de luz, enquanto outra parte era muito obscura em seus propósitos, pois durante todo o milênio daquela civilização ocorreram ciclos contínuos de luz e trevas — em sua intensidade máxima — e um desses ciclos de extremos está agora atuando na experiência contemporânea da Terra: os Dias de Deserto.

Dos registros de Atlântida, nenhum permanece mais indelevelmente codificado e ocultado do que aqueles no Egito, onde os registros da experiência de seu planeta estão codificados e guardados em segurança, e boa parte deles sobreviveu à devastação e destruição do tempo, ao movimento das areias da Terra e à ação humana. Ali jazem enterrados muitos segredos, disfarçados nos mitos dos deuses, que surgiram desde os primeiros tempos do terceiro ciclo de Atlântida — quando Osíris (de Sírio) e sua rainha Ísis, de Atlântida, reinaram nas regiões ressurgidas daquele grande reino.

Isso em breve nós revelaremos a vocês, sabendo que haverá controvérsia e resistência. Estejam atentos para o que evocará naqueles que se agarram ao sistema de crenças do pensamento contemporâneo e que se declaram versados em história.

Na época da catástrofe final de Atlântida, mais de dez mil anos antes de Jesus Cristo ter pisado na face da Terra e vinte mil anos depois de seus ancestrais terem iluminado o caminho, outros muitos membros da Fraternidade Branca escaparam da catástrofe e chegaram à superfície através das intricadas redes de túneis e cidades no interior da Terra.

Alguns ressurgiram nas regiões de Khemit, lugar profetizado para ser o detentor de todos os salões de registros necessários para a preservação do registro de Atlântida e, talvez, também da própria raça humana. Outros fugiram para os domínios dos maias, as terras altas do Tibete e do Peru, todos com a missão de preservar a luz do Antigo Sol.

Os seguidores das sombras foram atrás, pois devemos lembrar mais uma vez que sempre há luz e trevas na densidade da terceira dimensão. Essa é a natureza da realidade de vocês. O que vocês fazem com essas vibrações, tanto individualmente como coletivamente, é o que determina o *futuro* como vocês o concebem, e não é tarefa nem responsabilidade daqueles que estão fora de seu domínio — embora possamos ajudá-los em sua passagem da escuridão para a luz. Nós também fizemos essa passagem. E também recebemos ajuda daqueles que já a haviam feito. E assim a coisa prossegue.

Tendo em mente que seu propósito nesta jornada é tanto estender a mão para aqueles que seguem a mesma trilha quanto alcançar a luz logo à frente, vocês aprendem o verdadeiro sentido de seres trabalhadores da luz pelo bem maior de todos.

Nós pedimos que vocês também lembrem sempre que o futuro (como vocês o concebem) jamais é predeterminado e que tudo está sempre mudando no mundo ilusório no qual vocês vivem.

O passado é uma ilusão — pois não passa de um turbilhão de imagens da memória em movimento — e diferente para cada um de vocês.

O futuro é uma ilusão — pois é uma mera conjetura a respeito de algo maleável que pode ser alterado a cada ação kármica. E o presente, fugidio, escapa de sua mente tão logo é percebido.

O Egito foi planejado para ser o reino da imortalidade?

Nós vamos responder à sua pergunta de diferentes perspectivas para cobrir todos os seus aspectos. Vamos começar dizendo que o Egito anterior às dinastias foi uma época de pura influência de Atlântida e de Sírio sobre as receptivas tribos nativas do Khemit, onde a história da existência e evolução de Atlântida foi trazida à manifestação. Pelo uso do som, do pensamento consciente e da luz, foram revelados aos nativos espiritualizados os prodígios de épocas mais antigas, integrando os seus próprios prodígios a uma nova forma de expressão — o Apogeu da Cultura Egípcia.

Essas obras, anteriores e posteriores aos registros de Atlântida em Khemit, são parte importante das grandes obras dos ancestrais egípcios entrelaçadas a mitos. O que foi "planejado" para a humanidade tinha um duplo propósito:

- Imortalizar o registro de tudo o que havia ocorrido *antes* (simbolizado pelo olho esquerdo de Hórus);
- Servir para despertar e ativar a consciência do que ainda estava por vir (simbolizado pelo olho direito).

Apesar dos esforços dos historiadores para ocultar a verdade sobre o legado de Atlântida, os seres humanos sem dúvida juntaram aos poucos tudo o que restou da grandeza do Apogeu da Cultura Egípcia, com seus profundos conhecimentos e tecnologias, e perceberam que esse apogeu não corresponde à "época" dos registros arqueológicos. Estamos nos referindo àquele período do *continuum* espaço-tempo que marcou o "fim" do terceiro ciclo de Atlântida e o "começo" da sociedade avançada do Egito, que foi declinando, em foco e espírito, a cada nova dinastia — enquanto terra do antigo Egito.

Nós, entretanto, pedimos que vocês tenham em mente que vestígios da Grande Civilização de Atlântida — na época em Osíris viveu — ainda existem no Egito, e que é a memória e descoberta do culto a Osíris que marcam intervenção dos Grandes Atlantes em Khemit.

Essa geração de atlantes, como vocês logo irão perceber, foi muito mais importante do que a anterior e é também é a sua contribuição que é mais importante para vocês atualmente. Vale esclarecer que com "reino da imortalidade" nós entendemos que você está querendo saber se houve intenção de que o Egito servisse de depositário da sabedoria de Atlântida, de onde ela se difundiria e floresceria. Confirmamos que de fato ele foi construído para que os segredos da humanidade, cuja maior parte da existência se dava no plano terreno, permanecessem guardados em segurança, até que a raça humana alcançasse o nível de entendimento necessário para decifrar o saber codificado, ativar os mecanismos da experiência multidimensional e utilizar todas essas capacidades para o bem supremo de Gaia e dos mundos além.

Por meio de seus ilimitados registros arqueológicos e de sua abundância de lendas e mitos, o Egito revela ao Iniciado o domínio e a sabedoria espirituais das sociedades mais desenvolvidas da antiga civilização de Atlântida, assim como também detém em seu poder as chaves da história das últimas gerações. Está tudo ali ao seu dispor, imortalizado em pedra e na palavra não dita, para vocês contemplarem enquanto uma tapeçaria viva do que vocês acreditam ser o passado — e para desvendarem e ativarem — como uma passagem para o novo alvorecer. Não é possível encontrar reflexo mais perfeito de sua imortalidade!

Quanto ao aspecto de sua pergunta que se refere a uma possível intenção de o Egito se tornar uma terra imortal, nós entendemos que, por ter dado continuidade ao legado de Atlântida e o projetado para a consciência contemporânea, ele de fato restituiu Atlântida e seu povo imortal à experiência de vocês.

Se, por outro lado, sua pergunta se refere à "terra da imortalidade" em que o foco da vida era a preparação para a vida eterna da alma, com a ressurreição do ser físico — diríamos que sim... a busca da imortalidade da alma e a ressurreição do ser físico constituíam o objetivo essencial da vida no antigo Egito. De acordo com os mitos da "primeiro tempo", ou Zep Tepi, conforme descritos nos textos egípcios, os antigos cultos religiosos do Egito pregavam que, assim como Osíris, cada indivíduo podia alcançar a imortalidade e manter a presença física na vida após a morte. Essa busca pela vida eterna, mal interpretada a partir das primeiras lendas de Osíris e sua presença sobrenatural muitos milênios antes, constituiu um tema inquestionável e dominante na evolução da cultura egípcia. O que permanece hoje, nas evidências demonstradas pelas tumbas da antiguidade, são símbolos da busca da imortalidade pelos egípcios, a qual era alcançada por meio de três diferentes procedimentos. O primeiro envolvia a mumificação do corpo, executada esmeradamente de maneira a preservar a forma física. O segundo consistia em prover tudo o que era essencial ao espírito em sua passagem: alimento, ferramentas e objetos pessoais de importância para o viajante. O terceiro procedimento envolvia encantamentos mágicos que eram enterrados com o corpo para que o espírito pudesse se erguer dele e viajar até os Salões de Amenti.

A busca da vida eterna é um tema recorrente em toda experiência humana, pois está em sua memória, no nível primordial, que a ideia desanimadora de término — a morte física — é uma ilusão e que a alma é eterna.

Qual foi o papel específico dos habitantes de Sírio na época de Osíris, Ísis e Hórus?

A pergunta referente à nossa presença naquele momento da história de Atlântida/Egito é complexa e requer uma significativa elaboração — que estamos preparando com nosso canal e vamos apresentar na obra *Where Pharaohs Dwell*, desenvolvida a partir do tempo que ela passou no Santo dos Santos. Há muitas camadas, muitos aspectos envolvendo a lenda e muitas pistas foram deixadas — quase todas mal interpretadas pelos historiadores. Muitas vezes em sua busca por respostas a respeito de sua existência multidimensional, vocês negligenciam o fato de muitos mestres iluminados já terem lhes mostrado a arte de se materializar, desmaterializar e rearranjar o Atum para criar novas formas. Vocês se perguntam "Será que os deuses realmente descem do céu para caminhar entre nós?" e ponderam sobre intervenção desses deuses, como também a nossa, nos mundos humanos.

No caso da lenda de Osíris, ocorre a mesma coisa. Osíris (cuja palavra é um anagrama de Sírios) era um mestre da luz vindo do sistema estelar de Sírio; ele entrou neste mundo através de um portal criado anteriormente, no início do terceiro ciclo de Atlântida. Nós apresentamos em detalhes essa informação em nossa obra anterior, *Atlantis Rising*, na qual descrevemos como seres de Yzhnüni, um satélite de Sírio, retrogradaram à dimensão de vocês para ajudar na evolução dos atlantes.

> Reiteramos que o terceiro e último ciclo de Atlântida começou com o derretimento das camadas de gelo. Quando as geleiras começaram a se afastar rapidamente do continente, ocorreu um grande desenvolvimento de forma bastante espontânea e Atlântida, uma das últimas massas de terra a ser devastada, foi uma das primeiras a ser revitalizada... tanto em termos energéticos quanto climáticos. Muitos espíritos de Sírio escolheram encarnar na Terra naquela época para participar do renascimento da raça humana como parte de nosso vínculo kármico com vocês e para resolver

nossos problemas kármicos pendentes com Annunaki de Nebiru. Nós conseguimos ler o Registro Akáshico e observamos que a Família de Luz poderia ser convocada para as esferas terrenas naquela época e acreditamos que era, de certa maneira, nosso destino encarnar num nível vibratório inferior ao nosso e retornar à terceira dimensão.

Foi nessa época que os primeiros habitantes de Sírio surgiram na face da Terra como humanóides, especificamente nas terras montanhosas de Atlântida. Como nossa Divindade Solar, Satais (Sirius B), o corpo planetário de onde se originaram, Yzhnü, não faz mais parte do universo material, uma vez que vibra numa frequência mais elevada — uma essência planetária de seis dimensões que existe num universo paralelo ao de vocês.

Para os habitantes de Yzhnü, os Yznüni, era uma chance de voltarem a viver na forma, com todos os desafios que teriam de enfrentar como seres em evolução; desafios esses que seriam impostos tanto pelos elementos como por outras formas de vida e pelo processo transmutativo de retrogradação enquanto resolvessem o karma que, por manter Sírio vinculado à vibração de Gaia, retardaria para sempre a nossa própria evolução. Os Yznüni, sementes estelares de Sírio, enfrentaram grandes dificuldades para se materializarem na terceira dimensão, pois a vibração deles, que havia muito antes passado da fisicalidade, viu-se atordoada por incertezas ante o retorno ao mundo material. No entanto, relatos sobre o planeta azul esverdeado, sua música e majestade, espalhavam-se como música pelo universo e seu fascínio era imenso.

O fato é que Gaia era simplesmente a sereia dos céus e os espíritos vindos de Sírio eram os Ulisses dos mares galácticos. A essência deles se materializou nas esferas tridimensionais da realidade terrena em forma de hominídeos altíssimos e radiantes, cuja anatomia e estrutura os assemelhavam muito aos seres humanos..., o que evidentemente não eram. Mais notáveis eram os seus campos áuricos extensos, que se irradiavam visivelmente muitos metros além de seus corpos físicos. As vestes que os cobriam eram de um metal delicado, absolutamente branco e translúcido, de maneira que, para os nativos, eles pareciam seres fantásticos e continuaram sendo vistos como tais por toda sua existência na esfera terrena. Eles tinham olhos enormes e brilhantes que refletiam a cor índigo; o cabelo deles era de uma luz branco-dourada; seus corpos de dois metros de altura eram esguios, delicados e ágeis. Os Yzhnüni se relacionavam mais de perto com elemento água, já que ele era abundante em seu planeta, como também nos outros satélites naturais do sistema de Sírio. Para manter a frequência de Gaia, eles germinavam nas terras altas do continente de Atlântida, onde havia muitas cavernas e grutas nas quais eles podiam encontrar o calor e a umidade que melhor reproduziam seu ambiente natural, ao mesmo tempo em que os protegiam da radiação emitida pelos raios intensos da Divindade Solar de vocês. Aquele terreno era o que melhor correspondia aos campos cristalinos de Yzhnü.

Quando apareceram pela primeira vez na Terra, os Yzhnüni eram de tal frequência vibratória que não conseguiam se manter na densidade da esfera terrena, nem tampouco suportar o contato direto com os raios que emanavam do Sol. Para os observadores, eles pareciam entrar e sair da realidade e, de fato, muitas vezes desapareciam do mundo da matéria e voltavam para a sexta dimensão, até finalmente conseguirem se manter na frequência tridimensional. Seu revestimento externo não continha nenhum dos pigmentos necessários para protegê-los dos danosos raios ultravioleta e, por isso, nos primeiros tempos de sua "remota" migração, eles permaneciam debaixo da terra nas horas de sol.

Com o tempo, à medida que a semente de Sírio criava raízes na realidade tridimensional, seus corpos físicos foram ficando mais densos e adaptados às forças geotérmicas da Terra e sua relação com o Sol, que outra vez brilhava intensamente através da atmosfera terrestre. Os corpos deles tornaram-se mais sólidos e flexíveis, a pele mais opaca e de coloração um pouco mais escura ... e menos translúcida.

Esse portal foi um presente de Sírio aos atlantes e a todas as gerações futuras da humanidade, para ser utilizado nos momentos extremamente decisivos da aceleração da consciência humana, quando os portões das estrelas poderiam ser abertos. Um desses momentos ocorreu quando Osíris desceu por meio da passagem que o trouxe de dimensões mais elevadas para a terceira; e outro ocorre muito rapidamente, quando vocês chegam ao vórtice da ascensão. Também esse tema é abordado por nós no livro *Atlantis Rising*:

Num determinado momento da evolução dos Yzhnüni na Terra, quando eles já haviam efetivamente treinado os iniciantes nas práticas que ajudariam a restabelecer as frequências de calor dos nativos e de todo o ecossistema, o Alto Conselho de Sírio interveio. A nossa intenção era acelerar o entendimento dos atlantes tanto com respeito à multidimensionalidade quanto ao propósito mais elevado da existência da humanidade, para que eles pudessem dar continuidade ao trabalho de ativação da memória coletiva da civilização, empreendido pelos Yzhnüni. Com isso, eles entrariam em contato com a corrente infinita da vida através do corpo multidimensional do Tudo Que Existe.

A nossa intenção era assegurar que a presença dos Yzhnüni entre ancestrais humanos sábios servisse para elevar a raça humana de semente estelar em mutação da condição de mera sobrevivência para a busca da iluminação, como também para ensinar a Sabedoria para aqueles que guiariam as pessoas nessa busca. Nós fomos enviados para dissolver a grade que havia sido construída para envolver a Terra, para que pudéssemos restabelecer linhas de contato direto com vocês e com outras formas de vida de seu mundo.

Para ajudar os magnânimos Yzhnüni em seus esforços, treze crânios de cristal de origens extradimensionais foram materializadas, "cristalizadas" nas mesmas frequências tridimensionais terrenas de vocês, uma vez que são as essências espirituais que criam os corpos físicos que vocês habitam enquanto seres tridimensionais. É importante lembrar que os cristais de quartzo são seres vivos, que registram, armazenam e amplificam a energia. Vocês já viram isso na aplicação prática da tecnologia humana e, embora talvez não consigam entender muito bem como ela funciona, vocês aceitaram o uso do chip de silicone como a base sobre a qual a própria tecnologia é desenvolvida. Entretanto, vocês não devem nunca esquecer que, por todo o universo da matéria e permeando as infinitas dimensões além de sua atual "fatia" da realidade, a capacidade dos seres cristais para servir à consciência é intensificada quando a matriz é ativada pelas ondas mentais direcionadas e focadas de todos. Quando esse foco é colocado no mais elevado bem de Todos, ocorre uma magia.

Por mais difícil que seja para vocês visualizar ou aceitar, trazer seres cristais de cunho etéreo para a matéria é um processo bastante simples, que vocês já devem ter presenciado em suas interações pessoais com eles. Vocês podem ter visto um cristal simplesmente desaparecer para, depois, retornar em outra hora ou lugar. Esse é um fenômeno de dimensão e frequência universal e, não, você não perdeu a cabeça se viu um de seus mestres cristais "desaparecer no ar". O que ocorre é que as ilusões do mundo da matéria podem ter levado você a acreditar que tais coisas não são possíveis, exatamente como você também pode acreditar que você não pode desaparecer e retornar à vontade. Mas tais ocorrências são relatadas com frequência nas esferas dos ascetas e mestres que conseguem se desmaterializar como efeito daquilo que vocês definem como "poder da mente sobre a matéria". Os treze crânios tornados manifestos na antiga Atlântida foram "esculpidos" pelo poder da mente de seres superiores — membros da Família da Luz —, que foram convocados em muitas estruturas dimensionais para participar de sua criação. Enviados para a esfera terrestre pelo Supremo Conselho de Sírio, eles estavam programados para abrir para os Yzhnüni os portais da percepção multidimensional... para que pudessem continuar seu trabalho com acesso direto às instruções das dimensões superiores. Os treze crânios, conhecidos pela Família da Luz como "O Comitê de Crânios", foram colocados no Templo de Néftis, no fundo de uma gruta de ametista no santuário de devoção dos Yzhnüni, situado no interior da terra.

— texto extraído do livro *Atlantis Rising.*

Osíris, Mestre da Luz Branco-dourada, chegou à Terra através do portal aberto pelo Comitê de Crânios para atrair os sobreviventes do segundo ciclo de Atlântida de seus santuários no interior da Terra, para que eles pudessem reconstruir o mundo de vocês.

Como mestre no domínio da luz sobre a matéria, ele era venerado como a divindade máxima do Egito, da qual emanaram todos os outros registros e mitologias. Nós temos muito mais para dizer a vocês, agora que isso vem ao encontro de suas descobertas, a respeito de Osíris e do significado dos trezes crânios de Atlântida.

Qual é o papel de vocês hoje?

Nós entendemos que a sua pergunta esteja relacionada à nossa interação com os seres da Terra neste ponto do *continuum* espaço-tempo, cuja frequência vibratória está aumentando em harmonia com as mudanças vibracionais de sua divindade solar, que se prepara para ascender.

Como em outros momentos decisivos de sua evolução, em que a espécie humana deu saltos incríveis em termos de avanços, tanto individual quanto socialmente, vocês estão todos atravessando agora o momento de religação com a Família Galáctica. Esse evento envolve, entre outras coisas, a chegada de um grande número de seres extraterrestres tridimensionais (de dentro e fora do sistema solar), como também de contatos feitos por seres de luz e inteligência extradimensionais vindos de dimensões superiores.

Alguns dos extraterrestres em questão são de frequências vibratórias inferiores e outros de frequências superiores. Essa é a natureza da dualidade da realidade física, como nós já descrevemos muitas vezes para vocês em nossos livros. Alguns desses seres já estão bem inseridos na Terra, participando de governos e projetos governamentais, como já descrevemos em outras ocasiões; outros chegarão em breve. Alguns são seres das trevas, outros da luz e outros ainda de algum lugar intermediário.

Quanto à questão de sua intenção em favor do desenvolvimento entre espécies por meio de suas interações com a raça humana, nós queremos lembrar que são os campos energéticos dos padrões de pensamento criativos individuais e coletivos que irão determinar como vocês receberão os contatos com alienígenas e que isso irá, por sua vez, determinar como eles reagirão naturalmente a vocês. A responsabilidade das esferas de luz nas quais nós vibramos é a de redespertar no interior de vocês o conhecimento de como cada um participa da criação da realidade com cada pensamento, cada palavra e cada ação, servindo como uma estação no espaço mental pela qual vocês captam amor e luz e dissipam o medo.

Esse é o verdadeiro propósito da busca de contato com vocês hoje, como sempre foi através dos campos de probabilidade, que vocês conhecem como *continuum* espaço-tempo.

Esse propósito, cara semente estelar, tem sido claramente representado no panteão dos deuses egípcios, por meio dos quais seus antepassados buscavam a sabedoria, orientação e luz do além. Como os antigos, vocês se empenham em saber o que existe além do plano físico e de tudo que se manifesta nos campos de observação.

E, como ocorreu com os egípcios e outras antigas sementes estelares, também para vocês, que estão evoluindo com o aumento das vibrações da Terra, está sendo concedida a possibilidade de receber esse conhecimento em primeira mão.

É verdade que a Grande Esfinge foi testemunha do começo de uma nova era? Eu pergunto por constatar que, por muito tempo, a imagem dos deuses foi representada com corpo humano e cabeça de animal — e pelo fato de a esfinge ser um corpo animal com cabeça humana. Qual foi a razão disso?

A Grande Esfinge, uma efígie de Sírio, não foi criada originalmente com cabeça humana — essa transformação ocorreu milênios depois de sua criação e por um ato deliberado com a intenção de nutrir o ego do faraó e, com isso, romper o fluxo de energia.

Mesmo uma observação casual revela que a cabeça humana da forma atual é totalmente desproporcional a seu corpo leonino, com o olhar voltado para o leste, além do horizonte, para a estrela Sothis, da constelação de Sírio.

A Leoa é testemunha das sementes estelares dos primeiros dias do terceiro ciclo de Atlântida, que veneravam as estrelas irmãs daquele ponto da grade de poder de Gaia, que correspondia ao epicentro de seu corpo energético e o encontro de todas as linhas que atravessam o interior e a superfície do planeta. Ela é a guardiã das esferas e das notas musicais de Gizé que, uma vez reveladas, ativarão o Salão dos Registros.

Eu tenho que perguntar: O que existe abaixo da Esfinge? Por muito tempo, temos ouvido tantas coisas diferentes!

Abaixo da Leoa está o Salão dos Registros nos quais estão gravados todos os pensamentos que já foram pensados, todas as palavras que já foram ditas e todos os códigos sagrados que já foram criados no universo multidimensional.

Ali, encontram-se todas as chaves para ativar a rede de pirâmides em todos os continentes, os templos de todas as devoções, as grades energéticas dentro e fora do corpo de Gaia, como também o acesso às rotas para Agartha.

Ali há uma câmara totalmente despida de adornos, de forma circular (representando Atum, o Criador), que serve como câmara de ressonância para a música da criação, que será tocada quando chegar a hora de a consciência humana poder ser decifrada exatamente como a sinfonia está escrita e preservada na Esfinge.

Os arqueólogos humanos já penetraram naquele espaço sagrado e se decepcionaram com sua simplicidade e paredes nuas, pois não fazem nenhuma ideia de seu propósito. Os mestres espirituais serão capazes de decodificar as muitas camadas de consciência e fazer soar a música, mas isso só ocorrerá quando a raça humana tiver realizado a mudança, criando a harmonia necessária.

O que está abaixo da Esfinge tem relação com Gizé?

Sim, com toda certeza, tudo está interligado. Nós confirmamos que a Grande Pirâmide serve a muitos propósitos, entre os quais o de ser uma carruagem em que os faraós faziam suas viagens no tempo. Do lugar conhecido como sarcófago, dentro da câmara do rei, eles viajavam para muitos sistemas estelares e muitas dimensões.

Seguindo os princípios do simples movimento harmônico, cujas múltiplas frequências são simétricas a um determinado ponto, criando campos de ressonância, todo o platô entrava em harmonia, quer dizer em proporção com a câmara abaixo da Esfinge.

Tudo o que é visível ao olho humano (as estruturas erguidas sobre as areias), assim como tudo o que permanece invisível a todos, a não ser às elites que exploram secretamente o que está abaixo dela e de outros locais estratégicos, está harmonicamente sintonizado com frequências específicas e sequências musicais que podem ser "tocadas", em certo sentido, para abrir o Salão dos Registros.

Há no subsolo um espaço em forma levemente oval, que deixa os arqueólogos decepcionados por não guardar nenhum tesouro aparente, não conter nenhuma inscrição e nem revelar nada de seu conhecimento sobre o surgimento e a história da humanidade. Tudo está codificado, à espera da ordem do maestro capaz de orquestrar a grande sinfonia que irá girar as chaves.

Existem túneis através e abaixo da área conhecida como Platô de Gizé. Essas passagens de vários níveis ligam as Pirâmides, a Esfinge, o conjunto de cidades subterrâneas e os cemitérios, que continuam ricos em história e riquezas materiais perseguidas pelos conquistadores humanos dos tempos modernos.

A passagem principal, um caminho sagrado que leva ao centro do Salão dos Registros, está localizada entre os braços da Esfinge — logo atrás do peito. Apenas o iniciado pode atravessar sua porta multidimensional, pois ela não tem nenhuma forma física manifesta.

Capítulo vinte

A BIBLIOTECA DE ALEXANDRIA E O VATICANO

Há pouco tempo, fui informada de que fui, numa vida passada, um dos guardiões da Biblioteca de Alexandria. Parece que na visão que me ocorre a esse respeito eu me vejo como um velho deitado no chão, morrendo de culpa por não ter conseguido salvar os conhecimentos contidos naquela biblioteca. No fundo de minha alma, eu acreditava ser aquele o começo de um período muito obscuro para a humanidade, uma vez que, sem aqueles conhecimentos, não haveria limites para nada.

Naquela época, havia muitas importantes bibliotecas em todo o mundo. A Biblioteca de Alexandria estava situada num porto marítimo. Parece que havia nela uma energia muito especial que não tinha nada a ver com o nosso plano terreno. Na verdade, ela provinha de forças externas de luz. Consta que alguns documentos da Biblioteca de Alexandria foram copiados e enviados para diferentes lugares da Terra. Um desses lugares é o Vaticano. Quando pesquisei a esse respeito, descobri que existem mais de duzentas coleções de arquivos e cada um deles pode conter mais de duzentos mil documentos.

Como conhecimento é liberdade, seria a queima dessa livraria um plano das forças das trevas para roubar todo o conhecimento?

Para começar, digamos que sim. Ao contemplarmos a tela do tempo atemporal, nós vemos suas mãos queimando nas chamas dos grandes salões do saber. Você sofreu ali e continua sofrendo ao recordar aquele ato incrivelmente tenebroso contra a humanidade. Mas, ao contrário do que você acredita e do que afirmou, quando a biblioteca foi incendiada, grande parte das obras que ela continha se libertou de suas limitações e se purificou nas chamas — para se imprimir, de uma forma mais elevada, no éter.

Se o trabalho que você faz hoje tem algo a ver com essa sua vida passada? Sim. Você está aqui para trazer de volta às pessoas o conhecimento de sua consciência multidimensional. Uma de suas missões neste momento do espaço-tempo é continuar o trabalho com o qual você se harmoniza no campo da consciência das vibrações de *Alexandria*, mas você terá que curar o karma e se libertar do sofrimento.

Dito isso, aqueles de vocês que estão lendo esta mensagem sabem que, em qualquer momento e em qualquer ponto do universo tridimensional onde existem estruturas de poder ou indivíduos com o propósito de dominar todos os seres senscientes ou raças, existe também o desejo de sonegar toda forma de conhecimento e sabedoria como estratégia fundamental de controle. A dominação de uns sobre outros não se faz apenas com o chicote ou a espada, pois essas são manifestações tão explícitas que os subjugados podem enfrentar e possivelmente vencer a tirania. Em vez disso, é a manipulação da consciência, pela qual o indivíduo ou a sociedade é afastado da luz do amor e dos prodígios da mente universal (expressos tão eloquentemente pelos antigos eruditos), para chafurdar nas vagarosas vibrações da ignorância e das trevas, que acabam servindo como chaves para manter o controle e a dominação.

Isso ocorre ao longo de toda a história, como também em outros planetas pouco desenvolvidos da mesma dimensão que o de vocês, pois é uma manifestação da natureza dual de sua realidade. É um processo cíclico. Vocês constroem e queimam, enrijem e demolem, criam e destroem, para depois recriar tudo de novo — muitas e muitas vezes. Entretanto, guarde bem isto na mente e no coração: no ato de queimar livros, o que ocorre é a impressão da sabedoria no éter — onde as visões e ideias dos seres iluminados que contribuíram para a história da humanidade são gravados nos Registros Akáshicos. Essa é a verdadeira biblioteca da Terra e tudo está escrito, desde o primeiro pensamento de Atum, o Criador Primordial, até os mares infinitos do Cosmos e o primeiro átomo.

Se a biblioteca [de Alexandria] estava sob controle das forças de luz, por que então foi permitido que grande parte da história da Terra, com tantos ensinamentos e informações, fosse queimada?

Tudo é Deus, Criador Primordial, o Pensamento Original. Tudo emana daquela Vontade Divina, Bondade, Essência, Fonte e, portanto, tudo o que ocorre na ilusão em que você vive é um jogo de causa e efeito, das trevas para a luz... infinitamente, eloquentemente e com profunda experiência e sabedoria se erguendo da dança de oposição e harmonia.

Houve muitas Idades das Trevas no decorrer da história humana. Atlântida, Lemúria, Alexandria, as Cruzadas e, mesmo hoje, as sociedades contemporâneas da Terra encontram-se no momento de destruição, parecendo voltadas para a própria aniquilação. Vocês sabem, no entanto, que como a Fênix, vocês sempre voltam a se erguer e ressurgir da ignorância que os impulsiona para os extremos: de novo voando em direção à luz. Vocês chamam a esses períodos de "eras de renascimento" e, a cada uma delas, vocês sobem mais alto do que na anterior.

Pedimos a vocês, considerem que, enquanto tais, as trevas desses períodos e seus atos de violência (para os quais a coletividade, sem dúvida, contribui com sua passividade e materialismo) são tanto uma parte da luz que repercute das cavernas escuras do inconsciente coletivo quanto o brilho da própria ressurreição.

É possível recuperar esse conhecimento das esferas celestes?

Sim, sem dúvida, vocês têm capacidade hoje para resgatar toda a sabedoria contida nos Registros Akáshicos, visto que estão recuperando rapidamente a memória de que são seres multidimensionais, criados pela mente do Criador Primordial, uma centelha da Luz Eterna.

Grande parte dos pergaminhos da biblioteca é tão antiquada que, tendo a oportunidade de retornar àquele lugar do *continuum* espaço-tempo que precedeu a sua queima, vocês poderão descobrir que a expectativa excedeu em muito a própria experiência.

Nós os incitamos a perdoar as injustiças do passado e a entender como elas lhes são úteis e, então, concentrar o coração e a mente na experiência do momento presente da existência, pois vocês estão vivendo em uma das mais reveladoras eras da história: o Alvorecer.

Em breve, vocês poderão ler os pergaminhos de muitos sábios antigos e os hologramas daqueles que parecem fora do alcance de vocês na matriz da experiência humana, diretamente do conforto de suas poltronas na eternidade — ativados para ver o que, para a maioria, esteve oculto.

Vocês estão ultrapassando a Idade das Trevas da repressão e ignorância contemporâneas para a Luz das Esferas Eternas.

O Vaticano irá divulgar alguma dessas informações?

É duvidoso. Com todos os seus vínculos com as sociedades secretas e detentores de poder da Terra, a rede de poder que governa o mundo, ele existe para manter as pessoas obedientes. Por que, então, seus governantes iriam dar a vocês o conhecimento que os libertaria do domínio que eles exercem sobre uma parte tão extensa das sociedades contemporâneas, especialmente agora que eles estão empenhados em seu propósito de causar outra de suas chamadas guerras santas? "Guerra santa?" Que expressão mais irreverente!

Não, de fato, enquanto os detentores do poder se mantiverem em seus tronos dourados, eles continuarão apegados ao que acreditam ser seu por direito: *Os pergaminhos extraviados do saber.*

Eles saquearam as grandes bibliotecas, alteraram e ocultaram os códigos e corromperam as fontes da visão genuína, porque eles acreditam realmente que são superiores (como membros privilegiados da elite dominante) a vocês, que são as "massas".

Eles acreditam que, como uma massa de seres a ser controlada e feita para servir, vocês são mais facilmente dominados quando arrebanhados para os currais da ignorância e da obediência cega. E assim eles se agarram para sempre àquelas páginas esfarrapadas dos mestres antigos, muitos dos quais foram verdadeiros visionários, que trabalharam em favor da luz, e outros não.

Não se deixe surpreender por isso. Muitos dos mestres intelectuais do passado exploraram os mistérios dos mundos antigos — suas tecnologias, ciências e registros de eventos galácticos — com o propósito de manipular sua forma e vibração e, com isso, alterar as grades de poder do domínio global. Desses, números significativos foram subjugados pelas forças obscuras que dominavam o planeta com intenções da mais baixa frequência vibratória. Esses segredos, elaborados por aqueles de intenções obscuras, estão sendo usados hoje como foram então.

Outros, os portadores da luz, foram guiados para ajudar a erguer a humanidade dos vales profundos da repressão para os picos montanhosos da iluminação. E nesse caso também, a sabedoria daqueles seres de luz da antiguidade está sendo resgatada pelos Trabalhadores da Luz dos dias de hoje, que chegam ao conhecimento com a intenção de iluminar e cujo objetivo é manifestá-lo juntamente com a elevação da consciência humana. Lembrem-se, entretanto, como já dissemos em nossas mensagens anteriores, que terão antes de atravessar os Dias de Deserto em seu caminho para o alvorecer, e é nessa travessia que vocês estão hoje.

Tendo em mente que a experiência dominante da realidade em que vocês vivem é a da existência da dualidade em todos os níveis, vocês entenderão que toda ação provoca uma reação contrária da mesma magnitude e que, no grande esquema das coisas na Ordem Cósmica, tudo acaba se resolvendo.

Com o domínio da simplicidade do pensamento e da mente, vocês reconhecerão que os grandes eruditos dedicaram suas vidas à exploração dos prodígios da Criação e da perfeição da existência. Com base nessas observações, eles percorreram os caminhos do intelecto e da contemplação para trazerem suas obras até vocês. Nós os incitamos a lembrar sempre que suas observações mais complexas são encontradas em todas as partes da natureza e que esses mesmos princípios estão ali para serem vistos com seus próprios olhos: a cosmometria da vida, da forma, da cor e da vibração. Toda a sabedoria que vocês acreditam "perdida" está diante de seus olhos, ao seu alcance: nas pétalas de uma rosa; nas cores do céu através do espectro das revoluções da Terra, na magnificência de sua própria forma incrível.

Essa é uma energia de medo?

Nós acreditamos que a ignorância e o medo andem de mãos dadas e que, toda vez que uma pessoa pretende dominar outra, esse é essencialmente um ato de ignorância com respeito à sua própria divindade (por mais ofuscado que seja o brilho de sua centelha interior), assim como é uma manifestação do fascínio do mesmo indivíduo pelas vibrações sensoriais mais baixas que acompanham o primeiro salto para o abismo em que novas almas saltam da Fonte.

Inerente ao culto das trevas há o medo de nunca alcançar a luz e, portanto, a pessoa se sente muito mais segura controlando uma realidade cruel de falso domínio e adoração do que se entregando confiante à Luz.

Teremos que esperar até depois de 2012 para que essas câmaras subterrâneas sejam abertas?

As câmaras já estão abertas, minha cara! São vocês que viram as páginas dos antigos textos quando entendem que os seres humanos contêm toda a sabedoria do Universo em cada célula da sua memória e que os Registros Akáshicos estão tanto dentro de vocês como no éter.

À medida que evoluem para estados de consciência mais elevados, vocês começam a extrair essa sabedoria universal das águas de suas fontes ancestrais — seu subconsciente — e a transmiti-la para a corrente do pensamento contemporâneo. Lembrem-se de que tudo o que foi escrito passou para o éter ao ser queimado: não é nada mais do que um reflexo do Tudo Que Existe, Que Sempre Existiu e Sempre Existirá.

Uma boa parte disso vocês já aprenderam; parte do que vocês estão descobrindo não se perdeu, como o registro gravado; outra parte está sendo curada no nível etéreo para que possa avançar para as esferas mais elevadas e encontrar a luz da consciência superior.

Se existem arquivos no Vaticano, com certeza também existem em outros lugares. Poderia haver alguns embaixo das Pirâmides? Ouvi dizer que existem alguns também na França, no Tibete e sob as areias de Bagdá — e que mesmo nos Estados Unidos existem alguns. É verdade?

Essas bibliotecas não são apenas textuais, você entende? Sempre que a humanidade se viu perseguida por pensar livremente, foi necessário na maioria das vezes esconder as revelações profundas em códigos, como aconteceu com muitos dos mais importantes textos escritos que vocês conhecem atualmente: o Torá, a Bíblia e todas as escrituras sagradas das antigas religiões. Todos foram codificados.

As nossas próprias mensagens são codificadas com muitas camadas de consciência, energia e vibração. Esse não é um processo difícil de realizar depois que se desvendou os códigos da comunicação multidimensional. Essas bibliotecas cuja perda vocês tanto lamentam estão bem à sua frente — em grandes obras de arte, na arquitetura, nos desenhos da própria natureza. E vale lembrar mais uma vez que os livros cuja falta vocês tanto lamentam são meras interpretações daquelas propriedades essenciais e universais de Deus, da vida e da existência de vocês tanto como centelhas da Criação quanto como unidades de autopercepção.

Confie em nós. As bibliotecas físicas de antigamente foram superadas pelos laboratórios e universidades das sociedades modernas da Terra, assim como sua aplicação consciente foi levada ainda mais adiante nos círculos espirituais de luz e campos luminosos de Gaia.

Eu li também que existem lugares no Vaticano em que os seres humanos não podem entrar. Que tipo de energia há nesses lugares para que isso ocorra? Nesse caso, qual é o propósito dessa energia? Será que eles têm medo do que poderíamos descobrir em tais lugares?

Sim, é verdade, mas não é nada mais do que um campo de força energética criando um escudo de proteção contra a entrada nas câmaras secretas. É semelhante à força Vril, que protege os pontos de entrada para o mundo interior de Agharta, mas é muito menos complexo do que o necessário para lacrar as entradas para os túneis que levam ao mundo sagrado que jaz no interior de Gaia.

A força Vril é descrita em alguns dos textos antigos como sendo gerada pela manipulação das forças gravitacionais com tamanha intensidade que, quando aplicada, ela pode desintegrar a estrutura celular de qualquer forma de vida biológica que surgir à sua frente.

Essa força, uma das mais antigas tecnologias da humanidade, tem sido manipulada pelas elites do poder e usada para diversas aplicações na Terra e no espaço. Apesar de ainda não dominá-la, essas elites sabem muito mais do que vocês têm o privilégio de saber e grande parte desse conhecimento veio de textos antigos ou foram concedidos graciosamente por extraterrestres amigos de governos da Terra.

Capítulo vinte e um

A MISSÃO E A INICIAÇÃO NO EGITO

PATRICIA CORI

Você poderia descrever o trabalho que lhe solicitaram realizar no Egito em dezembro de 2007?

Nesses anos que se seguiram ao meu primeiro contato evidente com o Alto Conselho de Sírio, eu (como muitos de nós) fui lançada no caminho espiritual, testada, desafiada e recompensada na medida em que a busca de conhecimento me levou aos lugares sagrados da Terra. Como o Conselho nos explicou, nesses lugares estão codificados os ensinamentos dos antigos sábios, que muitas vezes se encontram nos vórtices de mais elevada vibração dos pontos energéticos do planeta.

No caso dessa viagem ao Egito em particular, eu fui informada de que precisaria entrar em contato com o centro cardíaco absoluto daquele país, Abidos e fui guiada através das passagens subterrâneas do magnífico Osireion para receber os tesouros de conhecimentos galácticos codificados nos reinos minerais subterrâneos.

Essa mensagem me foi transmitida pelo Alto Conselho de Sírio, que está me guiando por todos os locais e templos sagrados da Terra nestes anos extremamente intensos de minha vida — como aprendiz do espírito e guia de outros. Ali me foi revelado o que eu acredito ser um dos maiores segredos ainda não descobertos, e é muito emocionante trazê-lo à tona nestes dias de descobertas, visto que ele estabelece uma ligação entre muitas coisas e me ajuda a entender, num nível totalmente pessoal, o que está acontecendo hoje.

Eu não estou tentando dizer que ele tem importância para outras pessoas, uma vez que essa é uma experiência totalmente subjetiva. Simplesmente trato de passar a minha própria experiência, confiante de que ela possa servir ao bem maior. Ela será descrita na obra que estou escrevendo — *Where Pharaohs Dwell* —, que espero concluir nos próximos meses.

Sob o magnífico Templo de Seti, em Abidos, está o Osireion, uma estrutura megalítica cujo significado ainda não foi decifrado pelos arqueólogos, uma vez que ela parece realmente não se enquadrar em nenhum período estabelecido do Egito dinástico. Até hoje, pelo que se sabe, nenhum pesquisador ou egiptólogo conseguiu identificar seu propósito, explicar seu intento ou defender alguma hipótese com respeito a seu significado. Ela continua, para todos os efeitos, sendo um enigma. Foi comparada com a estrutura de pedra do Templo do Sol, no Peru, devidos aos estranhos contornos de seus pilares megalíticos, presentes na civilização peruana, mas não egípcia.

Embora no passado tenha sido possível entrar no Osireion, hoje isso é proibido pelo Departamento de Antiguidades, pelo fato de a entrada e seus compartimentos internos estarem inundados por águas paradas, fétidas e profundas demais para serem atravessadas — pelo menos, é esse o motivo alegado para a proibição. Pelo que eu vi nessa experiência, tanto na própria experiência física como na viagem astral até as profundezas daquela estrutura, acredito que estamos prestes a descobrir um dos aspectos mais importantes de nosso passado e de nosso futuro.

Que espécie de ritual você realizou no Osireion?

Como sempre, as portas se abrem para mim de maneiras miraculosas. Eu tive a oportunidade de passar um tempo sozinha dentro do Osireion, sem ninguém à minha volta além do verdadeiro guardião do templo, Amir, que reservou o espaço para mim durante todo o tempo de meu ritual no Osireion e no magnífico templo de Seti I.

Sou abençoada por ser a guardiã de Estrella, um magnífico crânio de cristal maia, que me foi concedida durante um ritual em Palenque, em 2005, quando dirigia um grupo de Busca Espiritual aos locais sagrados dos maias. Desde que o recebi do xamã maia Kayun, eu fui orientada a levá-lo comigo a todas as cerimônias que venho realizando em todos estes anos de descobertas e jornadas espirituais. O mais importante dos rituais que eu realizei no Osireion foi aquele em que coloquei o crânio de cristal nas águas turvas para purificá-las. Essa não foi uma tarefa fácil, pois devido à profundeza das águas, o crânio poderia facilmente cair fora do meu alcance e, por isso, tive que segurá-lo com firmeza enquanto entrava no estado alterado de consciência.

Então, tive ainda de superar meu próprio mal-estar ante o aspecto da água, um poço negro de imundície, lixo e limo, e elevar minha consciência para entender que a água é sagrada. Tive que transpor a ilusão das aparências e abarcar o entendimento superior das águas, o que era, por si só, um aspecto da Iniciação. Recebi também a orientação para colocar meus pés e mãos dentro da água e eu a segui com dificuldade, sabendo que as energias daquele lugar sagrado mantinham a água também sagrada, apesar de sua aparência.

Enquanto minhas pernas fraquejavam dentro das águas do Osireion, eu me mantinha agarrada ao crânio Estrella. Minha visão física embaçou, abrindo o caminho para a terceira visão.

O crânio começou a falar, como fez em outras ocasiões.

No fundo destas águas jaz um segredo que você está sendo convidada a trazer de volta para o mundo. Perscrute as suas profundezas, concentre-se na própria humildade e não tenha medo. Você está envolvida na Luz Branca Dourada de Osíris, Mestre das esferas de luz de Sírio.

Dos treze crânios de cristal de Atlântida, que nós já descrevemos como o "Comitê de Crânios", o Mestre jaz nas profundezas subterrâneas deste Templo: a catacumba da efígie de Osíris — a passagem para os Salões de Amenti.

Trata-se do décimo terceiro dos treze crânios de cristal dados para a humanidade durante o tempo de Atlântida que se encontra aqui; de sua matriz etérica guardada por um escudo de proteção, onde também se encontra o DNA do Mestre de Sírio, Osíris.

Examine profundamente, semente estelar, mais profundamente do que nunca. Guiada pelo Conselho da Luz de Sírio, você foi solicitada a vir até aqui para desvelar os segredos e descobrir o verdadeiro caminho para Amenti. Você terá cumprido sua iniciação quando tiver levado a nossa experiência para a terra dos maias — onde estão sendo realizados os preparativos para reunir os crânios dos atlantes.

Você será desafiada, barrada e intimidada. Isso não é novo para você; entretanto, este será o seu maior desafio. Este é o Caminho do Guerreiro Espiritual. Você segue em frente, com abnegação, a serviço do Todo.

Lembre-se sempre, semente estelar, de que seu caminho é iluminado, e você sabe como se proteger da força tenebrosa exatamente como sabe quando iluminar as trevas com a luz da verdade.

A jornada de purificação da alma que se seguiu a esses esclarecimentos, com as visões que tive ao atravessar o mundo ínfero ou as passagens subterrâneas do Osireion, foi algo monumental para mim, cuja experiência eu continuo decifrando. Além disso, continuo no processo de tentar decifrar o seu significado para a minha vida pessoal e, também, se tem algum para as outras pessoas. Quando tiver descoberto, escreverei sobre isso, com toda certeza.

Qual é o propósito dessa iniciação e de que maneira ele está relacionado com os dias de hoje?

À medida que passamos pelas provas e infinitas iniciações as quais somos submetidos enquanto almas em busca de frequências vibratórias superiores, nem sempre temos o privilégio de saber o propósito de cada passo que damos no longo caminho de retorno. O que eu consigo extrair dessas experiências extremamente intensas é, em muitos níveis, totalmente pessoal. Requer muita introspecção para, na condição de aprendiz do espírito, descobrir qual é seu propósito para o progresso de minha alma e de que maneira tudo isso serve ao bem supremo. Somos solicitados a ouvir as orientações, seguir nosso coração e dar os saltos no escuro que, muitas vezes, parecem totalmente intransponíveis, arriscados e desprovidos de lógica. Requer que abandonemos o medo dos julgamentos e críticas e, acima de tudo, que mantenhamos o ego sob controle.

Eu aprendi ao longo de meu trabalho com o Conselho a tentar, o máximo possível, silenciar o lado esquerdo do cérebro, a voz do raciocínio lógico, e seguir a intuição, para me tornar o mais receptiva possível a suas energias, padrões de pensamento e vibrações. Depois, eu procuro de todas as maneiras possíveis fazer com que isso se volte para as pessoas com as quais eu interajo, energeticamente ou por meio da fala. Desejando me manter humilde ante os eventos prodigiosos que se desenrolam ao meu redor, eu só posso dizer que tive uma experiência monumental. Eu sei que serei desdenhada por muitos que negam a existência de qualquer coisa que não tenha sido submetida à chamada comprovação científica, mas eu continuarei assim mesmo passando adiante as informações que me foram dadas e irei até os xamãs maias entregar o crânio Estrella codificado, confiante de que ele será recebido de mente e coração abertos.

Teremos que esperar para ver o que vai acontecer ao atravessarmos o marco estabelecido para 21 de dezembro de 2012.

Eu acredito, no entanto, que a reunião dos treze crânios de cristal será facilitada pelo nosso entendimento coletivo do significado da ressurreição de Osíris (quando as treze peças estarão reunidas para fazer nascer Hórus) e que a nossa capacidade para entender essa metáfora facilitará a ativação dos crânios de cristal. Essa é uma experiência coletiva, não pessoal. A satisfação está no entendimento do modo como tudo se encaixa e em deixar o ego fora de qualquer papel que eu ou qualquer outra pessoa exerça nesse momento. É extremamente importante a entrega e o serviço à humanidade.

O que ocorrerá quando os crânios forem reunidos?

Toda aquela abundância de informações, o Registro da Terra, estará acessível para todos nós; e com a abertura e fusão dos caminhos, nós seremos viajantes intergalácticos. Veremos a totalidade de tudo isso — o funcionamento do universo físico e além — e "realizaremos o Atum".

A seu ver, o que o Conselho quer dizer com "realizar o Atum"?

A meu ver, com essa metáfora o Conselho está nos dizendo que o universo físico no qual vivemos não passa de um simples átomo — como Atum, o Senhor da Criação — uma mera partícula microcósmica na infinitude de toda consciência. Uma vez entendido que, como centelhas da luz divina, nós somos eternos, infinitos e ilimitados, nós nos livraremos das algemas que nos mantêm limitados e alcançaremos a iluminação — realizando assim o Atum.

O que atraiu você para Abidos?

Esse remoto lugar no deserto do Saara, a Cidade Sagrada de Abidos, é considerado o local mais antigo de peregrinação espiritual — mais antigo do que Meca, Jerusalém ou qualquer outro que possa existir entre essas cidades. Desde os tempos pré-dinásticos, este local é reconhecido como o absoluto epicentro espiritual do Egito e muitos acreditam que ele era o núcleo espiritual já naqueles tempos pré-dinásticos. Ali está o magnífico Osireion, o qual eu hoje acredito ser realmente o lugar de descanso da cabeça de Osíris (de acordo com o significado atribuído ao décimo terceiro crânio de cristal). Ele é a passagem principal para os Salões de Amenti. Também estão ali as catacumbas que, ao serem em breve escavadas, farão com que o atual Vale dos Reis fique parecendo um mero museu em miniatura. Lá existem aldeias, por si mesmas mágicas, onde templos antigos jazem enterrados aqui e ali, nas areias do tempo. E, evidentemente, há o esplêndido templo de Seti I de Abidos, o mais bem preservado de todo o domínio egípcio. Ali, os deuses são representados em pinturas nas paredes e as energias que eles representam estão vivas — você pode ser transportado e se comunicar com eles. Isso também faz parte de uma mensagem que transmitirei em breve.

O Templo de Abidos, um santuário erigido pelo faraó Seti I aos deuses, é o templo mais importante aos deuses. Ele incorpora a casa do criador e reflete o desenrolar da luta entre a luz e as trevas através dos tempos.

Eu fui atraída para aquele templo porque em muitas outras ocasiões, durante visitas curtas em caravanas escoltadas por policiais, eu tive apenas vislumbres de sua beleza nos breves instantes em que pude sentir as poderosas energias do lugar. E o mais importante é que eu fui guiada até ele pelo Alto Conselho de Sírio.

Eu acredito que o faraó Seti I continue percorrendo os salões e que seu espírito esteja corporificado no templo, em seus alicerces e na própria cidade sagrada. Em certo sentido, fui levada a seguir os passos de Omm Sety, cuja aventura você pode ler na obra extraordinária de Dorothy Eady *The Search for Omm Sety*, para encontrar o passado no tempo de Abidos e pedir conselhos aos deuses. Tendo uma incrível ligação com aquele lugar sagrado, essa mulher se comunicou com Seti I durante toda a sua vida, cuja maior parte ela passou nos salões sagrados de Abidos.

Você mencionou que recebe ajuda e assistência de guardiões e iniciados. Quem são eles exatamente?

Eu sempre fui abençoada com a ajuda de facilitadores em todo o trabalho espiritual que venho fazendo. Esse processo vem se acelerando desde os primeiros encontros com o Alto Conselho de Sírio na formação Julia Set (círculo na plantação), em 1996.

De maneira incrível e inevitável, em todos os lugares me surgem eventos, pessoas e forças dispostas a desbloquear para mim passagens obstruídas, abrir portas trancadas e a me revelar os segredos necessários naquele ponto de minha jornada de iniciação.

No caso de Abidos, pessoas que preferem para sua proteção não serem identificadas me proporcionaram acesso a espaços secretos, túneis subterrâneos e recintos sagrados, cuja entrada não é permitida pelo governo e pelas autoridades egípcias.

Eu acredito que essas pessoas e forças aparecem para, como eu, ajudar a divulgar informações, pois isso é necessário agora, e também como parte de seu próprio processo espiritual, demonstrando que essa família de luz está ligada em muitos níveis da consciência. Estejam elas plenamente conscientes ou não de seu papel, elas aparecem na hora certa, no lugar certo e com a intenção certa — prover acesso às passagens secretas para mim e, em muitos casos, para aqueles que viajam comigo. E eu sou grata, extremamente grata a elas, por sua dedicação, amor e ajuda.

Você falou a respeito de libertar as forças de Gizé? Qual é exatamente o plano?

Os monumentos que fazem parte do complexo de Gizé e que vão além do Platô, incluindo as pirâmides menores e a pirâmide escalonada de Sakkara, estão todas situadas sobre uma gigantesca usina de energia com sua cidade subterrânea, que é, topograficamente, muito maior do que a área urbana da cidade do Cairo. Existem ali amplas redes de túneis, estradas e estruturas, todas relacionadas com a utilização da Grande Pirâmide e das estruturas circundantes no aproveitamento da energia cósmica.

Nós estamos tomando consciência da existência de portais multidimensionais que conduzem a outras dimensões, outras galáxias e outros universos — e só Deus sabe até onde mais. Esses portais estão diretamente ligados aos chakras e grades energéticas da própria Gaia. Gizé é o epicentro deles; todo o platô é uma passagem. É por isso que foi ali que a Esfinge foi criada pela primeira vez para nós. E é por isso que as Grandes Pirâmides estão ali. E é também por isso que os guardiões dos registros dos atlantes deixaram sua marca ali.

Enquanto ainda é possível, visite esses lugares com o propósito de elevar o nível vibratório, revelar segredos, tocar a música e ativar os portais das estrelas. Esta é uma tarefa de todos nós — sementes estelares — e ela começa com o sentimento máximo de humildade para servir ao bem maior.

Faz-se totalmente necessário agora tanto a consciência centrada no coração como a convicção de que, a despeito das ilusões de escuridão, estamos a um passo da grande mudança para o surgimento de um novo mundo.

Como os empecilhos estão aumentando, está ficando mais difícil para muitas pessoas libertar-se dos medos e problemas de sobrevivência para realmente se dedicar às questões mais importantes. Isso requer o abandono de apegos emocionais e do amor condicional. Também é hora de aprendermos a perdoar e aceitar, se quisermos fazer girar as rodas de Gizé.

Liberte-se o máximo possível de seu próprio ego e de seus desejos de desviá-lo do propósito maior, obscurecendo a sua visão e colocando sua experiência pessoal e a manifestação dos fenômenos acima do bem de todos. É hora de voltarmos nossos pensamentos para a finalidade última, o bem maior da totalidade da vida, a consciência coletiva dominante — acreditando, no nível individual, que isso não apenas é possível... mas é nossa criação. A dissolução das forças obscuras é o resultado natural de nossa brilhante mente coletiva.

O trabalho que está sendo realizado hoje tem alguma coisa a ver com as energias que estão sendo disponibilizadas para os próximos anos ou apenas com a preparação para 2012?

Uma disputa entre diferentes desejos está ocorrendo hoje, cujo ponto máximo se desenrola no Egito. De um lado, temos as forças que estão tentando impedir todo acesso aos campos energéticos dos lugares sagrados com o propósito de reduzir a frequência vibratória do nosso planeta. Essa questão é abordada no segundo livro da trilogia de revelações de Sírio, Atlantis Rising.

De outro, temos números incontáveis de dedicados Trabalhadores da Luz reunindo forças ao redor do mundo e ancorando-as no espaço celeste para elevar as frequências vibratórias de nosso planeta e prepará-lo para um novo alvorecer: a nossa ascensão para o próximo plano.

Cada pensamento e cada ato que ocorrem em todo o Cosmos afetam todo o resto. Se existe uma coisa que estamos aprendendo em nosso progresso espiritual, é que tudo está interligado e que matéria é pensamento tornado manifesto. O ano de 2009 foi um ano de preparação no nível individual. Fomos convocados a escolher lugares e a nos mudarmos para eles, de maneira que essas escolhas nos tornem mais fortalecidos em vez de vítimas das circunstâncias. Estamos trabalhando com quantidades monumentais de energia e dedicando-nos à luz, processo esse que é tanto de preparação como de responsabilidade pessoal e cívica como almas antigas que escolheram participar desse processo. E estamos finalmente dando atenção ao nosso planeta, procurando as respostas que possam aplacar sua fúria por nossas negligências passadas e presentes — para restaurar o equilíbrio. É extremamente importante não nos fixarmos numa determinada data, a despeito dos marcos que nos foram indicados pelos maias e outras civilizações. Nós alteramos constantemente a nossa realidade — vimos isso na virada do milênio, quando tantas pessoas acreditavam na ocorrência do Armagedon quando os ponteiros dos relógios marcassem a meia-noite de 31 de dezembro de 1999. O que temos de manter em nossos corações e mentes é que estamos avançando para um novo despertar e que esse processo do qual participamos está tão próximo que podemos senti-lo em todos os níveis. O ano de 2009 nos aproximou mais dele; o de 2012 nos levará ainda mais perto. Mas não nos esqueçamos jamais de que criamos a nossa realidade e que podemos cultivar a intenção de que esse despertar seja um processo tranquilo, indolor e sem sofrimento, ou nos fixar nas desgraças, perdas e tragédias.

Eu pessoalmente não pretendo de maneira alguma que esse evento monumental me traga sofrimento. E afirmo claramente que tudo que cada um de vocês precisa fazer é se preparar para estar em contato com o próprio coração e confiar que tudo está de acordo com a Ordem Divina. Às vezes, quando buscamos respostas detalhadas para as questões de nossa existência, a coisa pode parecer simplista, mas é apenas simples. Tudo está de acordo com a Ordem Divina e, nós, filhos da luz, estamos a caminho de casa.

Haverá muitos portais se abrindo no Egito nos próximos anos?

É interessante notar que, quanto mais as forças contrárias tentam nos manter fora dos lugares sagrados, mais facilmente nós os acessamos em outros níveis. No Egito, há passagens e vórtices que nos conduzem à nossa memória de

Atlântida — e à confirmação da sua existência. Esses segredos estão sendo guardados porque os poderes que cerram fileiras neste plano não querem que a história seja reescrita. Não querem que o véu caia, desvelando todos os segredos que eles mantiveram guardados.

E assim, no sentido físico, muitas descobertas estão vindo à luz tanto no Egito com em outros locais sagrados — tudo está vindo à luz de nossa consciência em expansão. Em outros níveis, como nos portais entre as dimensões ou campos da consciência, o Egito inquestionavelmente detém muitas chaves para o nosso despertar. Abaixo da Grande Esfinge, a efígie de Sírio, encontra-se o Salão dos Registros dos Atlantes.

Abaixo do Osireion está localizado o crânio etérico mestre do Comitê de Crânios, que será em breve ativado na terra dos maias. Eu acredito que os portais astrais do Egito irão abrir os portões de todo o mundo.

Capítulo vinte e dois

OS CRÂNIOS DE CRISTAL, OS VISITANTES EXTRATERRESTRES E OS CÍRCULOS NAS PLANTAÇÕES

Há muito tempo que vêm circulando informações sobre crânios de cristal. Muitas pessoas dizem ter um desses crânios "originais". Eu, pessoalmente, ouvi muitas vezes dizerem que o décimo terceiro crânio foi encontrado e que poderia estar na França ou em outro lugar. Atualmente, existem até empresas que as fabricam, de maneira que cada um pode ter o seu próprio craniozinho de cristal. Não estou condenando esse aspecto comercial, mas, para dizer o mínimo, isso pode causar confusão quanto aos que são realmente verdadeiros e aos que não são.

Se possível, com a finalidade de esclarecer, você poderia nos informar em que países se encontram os crânios e se estão em mãos de autênticos guardiões?

O motivo de atualmente andar circulando tantas informações a respeito dos crânios de cristal tem tudo a ver com sua iminente reunião na terra dos maias e tudo o que isso significa para a humanidade. Trata-se de uma memória primordial, parte da consciência coletiva da espécie humana.

Muitos antigos atlantes estão encarnados atualmente, com o propósito de purificar o karma gerado por seus pensamentos e ações. Eles guardam a memória em seus reservatórios inconscientes, sabendo, nos níveis mais profundos, que a hora da reunião está próxima. Na verdade, muitas dessas almas antigas reencarnaram simplesmente para estarem aí, entre vocês, quando essa reunião ocorrer.

Quanto aos lugares em que se encontram os crânios dos atlantes, podemos dizer que apenas três vieram à tona na realidade atual e que os outros nove estão guardados em segurança, aguardando a hora da convergência. O décimo terceiro crânio, inteiramente removido da densidade tridimensional, existe em sua forma etérica abaixo do Osireion, no Egito, conforme mencionado por Trydjya [Patricia Cori]. Ele se materializará no momento em que os outros forem reunidos.

Todo esse interesse pelos aspectos vibratórios de tais peças modernas é, em alguns, inspirado pela memória e, em outros, pela expectativa do momento em que ocorrerá a reunião.

A sua não é a primeira geração a idolatrar tais formas — houve muitas outras antes! Muitos antigos entalharam crânios em cristal muito antes da geração atual — tão poderosa é a memória e a lenda em torno do Comitê de Crânios. Alguns desses crânios que são tão antigos quanto o mundo ressurgiram agora com suas impressões e códigos. Alguns são incríveis esferas de luz; outros são das trevas — pois a própria forma é um receptáculo excepcional para o armazenamento de informações, enquanto as unidades celulares conscientes do mineral respondem e conservam a intenção que as ativou em qualquer momento de sua jornada.

Outros foram criados na Terra nos dias de hoje e esses também conservam a intenção e o amor de seus escultores atuais. É por isso que é tão importante, ao trabalhar com tais instrumentos, remover todas as energias que não têm o propósito mais elevado. Há um mantra cujo uso é necessário a quem pretende trabalhar com eles.

Lembre-se, cara amiga, de que tudo é *real*. Cada experiência e os pensamentos que emanam de cada momento são, de fato, muito reais. Todos eles servem para criar a dinâmica apropriada para a convergência, pois afastam a mente das limitações e as concentram no campo das probabilidades que estão bem à sua frente, assim como em cada célula de seu ser.

E por falar no "Comitê de Crânios", de que maneira ele trabalha em conjunto no momento atual em que ainda não está "reunido" e na ausência do crânio mestre?

Cada um dos crânios de Atlântida, ganhos de Sírio, contém a matriz de *uma* das doze sequências de luz do DNA de vocês — o código da raça superdotada do *Homo sapiens*. Cada um deles é guardião da inteligência de dimensão superior que a fez se cristalizar no plano de vocês, conservando dentro de si todas as frequências e formas de luz. É alguma surpresa para você o fato de eles virem a se reunir no momento em que os seres humanos estão reativando os filamentos dourados do DNA? A reunião dos doze crânios, assim como a reativação dos doze filamentos, ativa o Crânio Mestre. Que isso sirva como metáfora para o próprio processo de vocês.

Juntos, os doze crânios de cristal manifestam a intenção original do Sacerdócio Branco, de que a abertura dos portais galácticos venha a ocorrer no momento em que um número suficiente de pessoas, a mente coletiva, tiver alcançado as frequências vibratórias para iniciar a ascensão para além de suas limitações.

Quando os doze crânios estiverem reunidos, o Crânio Mestre de Osíris será exumado de seu local e assumirá forma no interior do círculo dos doze.

De acordo com o que ouvi dizer e li, parece que existem doze crânios que são de energia feminina e que o décimo terceiro é de energia masculina. Isso é verdade? Caso seja, qual é o propósito disso?

Não há nenhuma qualidade feminina ou masculina separada em qualquer membro do Comitê de Crânios — esse é um equívoco. A noção de gênero talvez tenha surgido de uma percepção extrassensorial da parte do observador, daquele que atua no momento como guardião do crânio.

Nós gostaríamos de acrescentar que o nosso canal, Tridjya, não faz nenhuma referência às origens de seu crânio, apenas diz tê-lo recebido como presente de seu antigo dono, o professor maia e guardião espiritual dos templos de Palenque, que revelou o nome do crânio quando transferiu a sua guarda para ela.

É possível se dizer que há um subcomitê preparando o caminho para a grande reunião dos crânios, planejada para 2012?

[Patricia responde]: Estão surgindo crânios ao redor de todo o mundo. Recentemente, aproximadamente 150 xamãs das terras maias realizaram um encontro (para o qual eu fui convidada!) em Tikal e cada um deles levou seu próprio crânio de cristal. Existem crânios do Tibete, do Nepal e de outros lugares do Himalaia, com índios americanos, nas terras maias do México até o Peru, e outros em mãos de seus atuais guardiões, em outros continentes. Neste momento de nosso despertar, esses crânios (alguns antigos e outros contemporâneos) estão vindo ao primeiro plano porque são as representações dos treze crânios originais de Atlântida concedidos à humanidade por seres de dimensões mais elevadas de Sírio, e alguns, segundo as crenças dos maias, das Plêiades. Todas têm sua importância, uma vez que representam a memória coletiva de todos os seres humanos, de todas as descendências, do Comitê de Crânios e do que ele pretendia para a humanidade (quando tomássemos *consciência* de nossa família galáctica e interagíssemos ativamente). A que está comigo agora é antiquíssima — o crânio maia que me foi dado pelo xamã. Não faço ideia de sua idade, ele apenas me disse que era extremamente antigo, vindo do Egito, e que esteve com sua família por muitíssimo tempo. Os xamãs são sempre muito vagos a respeito de coisas como essas, pois acreditam que as pessoas que necessitam de tais informações as obtêm diretamente da fonte — neste caso, do próprio crânio.

Sim, eu me sinto muito empolgada e honrada por ter atualmente a guarda de três crânios antigos (há um terceiro, pequeno, de ametista, vindo das proximidades do templo dos atlantes, em Tula, no México). Eu costumo levar os crânios comigo a todos os locais sagrados, incluindo a Grande Pirâmide, Stonehenge, Palenque, Chichen Itzá e os círculos nas plantações.

Parece que estamos recebendo cada vez mais visitas de naves extraterrestres. Também, em novembro de 2007, oficiais das forças armadas e funcionários do primeiro escalão dos governos de sete países diferentes tornaram público o fato de que haviam testemunhado a presença de naves espaciais em circunstâncias de trabalho ou pessoais. Muitos países divulgaram recentemente muitas informações com respeito a essas visitas. Essas visitas são hoje fatos e ninguém irá detê-las. Mas, ao mesmo tempo, há muitas informações sendo divulgadas a respeito desses contatos — que seus propósitos nem sempre servem a nossos melhores interesses.

Essas naves espaciais que vemos — quem são exatamente seus tripulantes?

No momento em que vocês atravessam o cinturão de fótons, preparando-se para a ascensão, o sistema solar, com seus planetas, luas e corpúsculos celestes, torna-se de grande interesse para os exploradores extraterrestres, que correspondem mais ou menos aos astrofísicos, engenheiros, geólogos e astronautas humanos.

Além da questão de os extraterrestres já estarem ativamente envolvidos nos assuntos terrenos, conforme descrevemos em obras anteriores, há um imenso interesse da parte deles em saber como vocês irão evoluir espiritual e tecnologicamente para efetuar a transição.

Existem seres de energia absolutamente inferior fascinados pelas forças primitivas de homens violentos, como os draconianos, que se nutrem das frequências vibratórias mais baixas da espécie humana. Eles estão envolvidos em estudos sobre a constituição biológica de espécies primitivas da Terra com a intenção de utilizá-las (humanos e primatas de grande porte) como soldados e redes de escravos. Eles são vistos perscrutando o céu noturno, submetendo seres humanos e animais a exames e testes. Isso não é nenhuma "novidade", uma vez que milhares de pessoas já relataram experiências de abdução e outras tantas presenciaram mutilações de animais. Apenas não faz parte da consciência "dominante".

Existem outras espécies, que habitam planetas irmãos, mais preocupadas com o dano que vocês estão causando ao próprio ambiente galáctico imediato — seu logos solar — e como vocês afetarão o processo de ascensão galáctica. Elas observam vocês, sem nenhum objetivo ou plano em particular, além de avaliar o perigo que vocês representam e como desarmá-los. Eles não acreditam que vocês continuam ignorando a existência de vida inteligente nos mundos vizinhos. Espécies terrenas vivem e se reproduzem na lua de vocês — cidades inteiras já vicejam nas biosferas construídas na superfície. Em Marte, cujo planeta vem sendo há anos perscrutado por exploradores humanos, existem bases militares e científicas tanto em sua superfície como abaixo dela, as quais são controladas por hierarquias interplanetárias, incluindo (para possível surpresa de vocês) a raça humana.

Cada vez mais emissários de civilizações alienígenas pacíficas e evoluídas sondam a atmosfera terrestre e perscrutam o firmamento para assegurar que as leis não intervencionistas sejam respeitadas e que vocês sejam acolhidos como membros da Família Galáctica com admiração e celebração em vez de trepidação e medo.

Os governos do mundo terreno controlados por Annunaki, aqueles que manipulam a realidade para ajustá-la à política de controle global, sabem que a hora da convergência está próxima e que eles não podem mais adiar o contato. Seus segredos serão revelados e a história dos alienígenas será, finalmente, conhecida. Também eles atravessam o céu noturno. Seu propósito é, infelizmente, convencer os seres humanos de que apenas eles podem salvá-los dos maiores de todos os terroristas: alienígenas vindos do espaço.

E quanto à informação de que existe um outro grupo, cuja presença aqui deve-se a um único motivo, ou seja, interesses próprios, e que não tem nenhum interesse em nos ajudar ou colaborar com a grande mudança que está ocorrendo atualmente na Terra? Eles estão aqui unicamente por interesses comerciais, porque o planeta Terra tem muitos recursos que são importantes para eles. Eles estão aqui para nos manipular e fazer com que acreditemos que estão aqui para nos ajudar. Eles querem conquistar a confiança dos seres humanos e roubar nossa independência. Eles não desejam destruir, mas usar nossos recursos, com ou sem a nossa permissão. Eles veem a Terra como um lugar extremamente caótico e os seres humanos como seres totalmente indisciplinados, que estão destruindo recursos de máxima importância.

Esse ponto de vista provém do medo que está sendo incitado em vocês pelos poderes de dominação e exacerbado pelos veículos de comunicação. Gostaríamos de sugerir que ele é também um reflexo do próprio comportamento social dos seres humanos, um reflexo de como a humanidade está distante da natureza e de tudo mais que tem consciência em seu planeta. Afinal, não são vocês mesmos, a espécie mais inteligente da Terra, que estão despojando o planeta de suas riquezas naturais? Com certeza, vocês estão permitindo que governos secretos suguem a vida de Gaia! Afinal, não é a própria raça humana que está criando o caos, mas deixando-se utilizar para roubar o que não lhe pertence, matar em nome da paz e da "santidade" e destruir o que quer que se coloque no caminho do "progresso"?

Caros seres humanos, nós suplicamos a cada um de vocês que não entreguem o próprio poder à ideia de que uma força externa benevolente irá descer do espaço para salvá-los de si mesmos. Essa é a sua responsabilidade kármica. Sim, existe uma força que controla o planeta de vocês, força essa que não pretendemos negar, mas o foco generalizado na realidade material vem há muito tempo deixando vocês cegos para a verdade por trás dela e, consequentemente, impotentes — na verdade, totalmente desinteressados —, para mudar o mundo para melhor.

O fato de a espécie humana ser vista como destrutiva constitui apenas parte da verdade. Aqueles que a observam percebem que, apesar das forças obscuras capazes de levar Gaia a suas mais baixas frequências vibratórias, há uma crescente esfera de amor e luz circundando o planeta. Ela provoca reverberações no éter, que atravessam o sistema solar e penetram nas esferas galácticas... e muito além no Cosmos. Aquilo com que vocês estabelecem contato, neste campo polarizado de visitantes extraterrestres, tem tudo a ver com seu próprio entendimento de como criam sua realidade, como assumem a responsabilidade pelo que criam e, consequentemente, como manifestam o que entra em suas vidas na ilusão do plano tridimensional.

Em vez de continuarem com medo, nós sugerimos que vocês mudem completamente o foco para: *Como podemos comunicar nossa intenção para a inteligência interessada em entrar em contato com a espécie humana para que envie mensagens de amor e não violência em vez de mensagens de medo e retaliação?*

Entendendo melhor a lei da atração, vocês perceberão que são vocês mesmos que determinam como ela atua em seu mundo. Quanto mais vocês ajudarem uns aos outros a se libertarem do medo irracional inculcado em seu interior pela imagem extremamente violenta da Terra sitiada, maior a alegria que sentirão diante da perspectiva do que está por ocorrer. Essa alegria e serenidade criarão um campo de ressonância — uma melodia — com aqueles que buscam harmonia entre todos os seres. O discernimento começa pelo autoexame de como cada um cria sua ilusão e vive nela e de como pode transformar seu medo em jubilosa expectativa.

Então, neste momento, o propósito deles é, sobretudo, serem "vistos" para que nos acostumemos a eles?

Vocês verão números incríveis de naves nestes dias, à medida que se aproximam rapidamente da hora do contato global. Na realidade, ele já começou. Há tanta mobilização no céu, como há abaixo de seus pés. Se vissem a Terra como nós a vemos, vocês ficariam surpresos com o que atravessa o espaço aéreo e a atmosfera desse planeta. Notamos que a espécie humana tem a tendência de ser cega para o que está além daqueles campos de possibilidades construídos por aqueles que não querem que ela enxergue.

Na realidade, existem naves atravessando o tempo todo o céu — explorando, estudando e analisando como o contato deve ser organizado — e, para isso, existem leis galácticas que devem ser respeitadas. Observando como os seres humanos podem ser manipulados para não enxergarem o que está bem diante do nariz, acreditamos que vocês só se "acostumarão" com as naves visitantes quando os espaços aéreos estiverem tão irrevogavelmente tomados por suas luzes que não será mais possível não acreditar em sua presença.

Um círculo na plantação de West Kennett apareceu no dia 26 de julho e foi chamado por alguns de "as três fés" — ou seja, a islâmica, a judaica e a cristã (ver figura). Vocês podem informar qual é o significado desse círculo na plantação? Seria uma mensagem nos dizendo que no futuro todas as religiões conviverão sem problemas? Um símbolo do futuro?

Esse círculo na plantação foi criado por mãos humanas e, por isso, nossos comentários se baseiam antes em nossa interpretação do que em nossa intenção. Ela nos fala do anseio coletivo da humanidade por se libertar da separação, agravada pela interpretação errônea das religiões, como também do anseio por integrar as experiências do coração, da mente e do espírito. Nossas observações são antes as seguintes:

- O círculo: o Todo, a Unidade, a Mônada, o Atum;
- O pentagrama: Espírito — os cinco elementos que definem a natureza da realidade terrena contida no Todo: ar, água, fogo, terra e etos;
- A cruz: o ponto de interseção do eixo vertical (espírito-ser-terra) que liga cada ser humano à terra e ao céu, e do eixo horizontal, sua passagem pela ilusão tridimensional do tempo linear.

Essas figuras estão unidas para falar da existência humana na realidade física, de sua capacidade para manipular os elementos, os quais definem a condição terrena de vocês e seu entendimento de como, na condição de centelhas da luz divina, vocês são reflexos de *Tudo Que Existe, Sempre Existiu e Sempre Existirá.* A intenção de quem a desenhou foi enviar uma mensagem simbólica e cabe à mente receptiva de quem a recebe dar aos arquétipos significado em sua própria vida. Portanto, pedimos a cada um de vocês que encontrem na mensagem a sua própria verdade, relacionando-a com a intenção que há por trás dela.

Para mim é uma grande surpresa saber que o tal círculo na plantação foi criado por mãos humanas. É comum isso acontecer? É importante saber quais deles são obras humanas e quais são de seres interdimensionais?

O que nos surpreende enquanto seres que vivem em outro plano de realidade é que os seres humanos, com suas mãos, corações e mentes, dediquem-se a responder a mensagens cosmométricas de origens extradimensionais. Nós estamos nos comunicando na única verdadeira linguagem universal!

Enviamos nossas muitas mensagens com a intenção de iniciar um diálogo global — que outro propósito todas elas poderiam ter? O de meramente impressionar vocês com nossos conhecimentos artísticos? Vocês considerariam esse como o bem supremo de Todos? Não, na verdade, não. O nosso desejo é antes instigá-los a olhar além das fronteiras de seu plano de realidade. Sem a resposta de vocês, não há diálogo e a nossa intenção é abrir canais de comunicação entre a raça humana e a família galáctica mais extensa.

Portanto, nós entendemos e louvamos aqueles desenhos nas plantações (feitos por mãos humanas) como o propósito de comunicar, e não de enganar. Aos criadores humanos daqueles círculos que passaram horas de noites frias traçando formas geométricas (por mais rudimentares que sejam) nas plantações, com a intenção de expressar tanto a beleza como o significado das formas sagradas, a eles nós enviamos nosso amor e nossa gratidão.

Nossos corações se enchem de satisfação com as mensagens, a intenção e o empenho com que os círculos nas plantações contribuem para o fenômeno da comunicação multidimensional. E o mesmo acontece com eles. Será que existe alguma diferença entre as duas experiências? Será que uma é mais importante do que a outra?

Então, eu quero perguntar sobre uma outra figura magnífica. A de uma borboleta que apareceu no dia 19 de julho de 2007 nos arredores de Ashbury. Será que essa era de proveniência interdimensional ou também feita por mãos humanas? Eu pergunto pelo fato de a borboleta estar muito em voga nos dias de hoje. Encontramos esse símbolo em todas as partes — fotografias, quadros, objetos decorativos e outros. Parece que simboliza a nossa jornada espiritual.

Essa não foi feita por mãos humanas. Nós nos comunicamos com vocês por meio de vibração, frequência e sintonização. O símbolo — a esfera contida nas asas — é uma metáfora de Gaia, emitindo as vibrações do Espírito Uno. Seu propósito era transmitir uma mensagem a vocês, sementes estelares, para que entendessem como o menor movimento — um esvoaçar de asas — pode alterar o todo. Desde a crisálida (o casulo escuro) até a asa, assim é a nossa passagem.

Lembre-se sempre de como cada pensamento, de cada ser vivo, contribui para o Cosmos da Alma. E voem, caros amigos, voem nas asas do amor.

O que é mais importante saber neste momento da história?

Vocês estão hoje atravessando um período de polaridade extrema, os Dias do Deserto, sobre os quais já fizemos muitas considerações em mensagens anteriores. Vocês estão passando pelo processo de fragmentação do mundo material, enquanto Gaia, a mãe sábia, os empurra para os extremos. Ela os está chacoalhando, inundando-os de emoções, soprando ventos que põem por terra suas ilusões, para que vocês reconheçam que o foco no mundo material é tão impermanente como as folhas soltas ao vento de outono.

No âmbito do tempo linear, seus temores com respeito à sobrevivência serão testados por fenômenos climáticos ainda mais extremos, com instabilidades políticas e sociais e ainda mais incertezas econômicas.

Vocês serão confrontados com situações que os guiarão ou para cima, ao longo do eixo vertical do espírito sobre a matéria, ou para baixo, agarrando-se às posses, aos símbolos que representam o foco nas limitações e à busca de permanência num mundo impermanente. A decisão sobre o quanto vocês pretendem sofrer, enquanto Gaia rompe a casca de sua existência mortal e purifica sua estrutura física nos ritos de passagem para seu corpo de luz imortal é de vocês, e apenas de vocês. Para aqueles que colocam o foco no progresso pacífico de Um Só Coração na espiral da consciência, um enorme senso de Unidade irá iluminar a travessia dos vales de trevas e incertezas. Trocando ideias e experiências, vocês criam esferas de luz tão intensa que dissipam seus medos das trevas. De acordo com a dinâmica da cosmometria astrofísica, a galáxia de vocês está preparando um alinhamento extraordinário enquanto o eixo da Terra muda de posição e se inclina em direção ao plano galáctico, que foi definido pelos astrólogos humanos como a "Santa Cruz". Essa esfera celeste se manifestou em meados de junho de 2008, marcando um ponto fenomenal na aceleração evolutiva da Terra e de todas as formas de vida tanto em sua superfície como em suas profundezas.

Esse é o marco astrológico que no *continuum* espaço-tempo anuncia a evolução humana dos extremos da consciência dualista para a fusão dos aspectos masculino/feminino — a Unificação dos polos extremos — tanto nas sociedades como no espírito de cada um individualmente.

O último alinhamento Santa Cruz que ocorreu na galáxia de vocês foi por ocasião do Grande Dilúvio, a qual vocês reconhecem como o afundamento de Atlântida, quando as trevas foram purificadas nas águas de Gaia, fazendo nascer o novo.

Eu acho que é importante saber mais sobre esse alinhamento astrológico excepcional, que contém o potencial de marcar um ponto fenomenal na aceleração da evolução da Terra e de todas as formas de vida em sua superfície, porque a última vez que esse tipo de alinhamento ocorreu foi por ocasião do afundamento de Atlântida. De que maneira nós seremos afetados?

Nós reiteramos muitas vezes que o caminho da transição para a libertação começa com a purificação do coração, que permite a experiência do amor incondicional e afasta o medo. Em certo sentido, o próprio coração é uma cruz sagrada, pois é o ponto de interseção das energias mais e menos elevadas e o epicentro do alinhamento dos lados esquerdo e direito das formas físicas humanas.

Estão por ocorrer muitos fenômenos climáticos relacionados à transição e todos eles serão facilitados se vocês mantiverem a intenção focada em se libertar das armadilhas emocionais e situações que provocam sentimentos de indignidade, sofrimento, intolerância e culpa. No coração purificado, esses sentimentos se transformam em amor incondicional e perdão, que são afinal a mesma coisa.

A escolha de vocês é livrar-se desses desequilíbrios agora ou agarrar-se ao drama do próprio sofrimento: o manto escuro de emoções e karmas não resolvidos. Esse é o processo que determina não apenas sua passagem pelo alinhamento da Santa Cruz, mas também como vocês vivem cada dia de suas vidas. É a única medida de sua preparação. Vocês estão dispostos a amar a si mesmos e aos outros simplesmente por existirem — na ordem divina — ou preferem passar o resto do tempo encarnados num corpo, exigindo que o universo se amolde às condições que impõem a si mesmos?

Perdoar a si mesmos e aos outros por tudo o que cria desarmonia em suas vidas e substituir esse desequilíbrio por um entendimento profundo de que a decisão é de vocês são as diretrizes mais simples para efetuar a passagem. O medo e a necessidade de controlar de alguma maneira os resultados são seus impedimentos.

Quando contemplam a verdadeira magnificência da Terra e o perpétuo ressurgimento da vida, vocês se libertam da paralisia causada pelo medo. Vocês contemplam as estrelas, sabendo que o Plano Divino está em perfeita ordem e se maravilham, em vez de se apavorarem diante dos saltos incríveis que estão destinados a dar.

A preparação está em sua capacidade de entrega — em abrir mão do controle e permitir que Deus aja.

Capítulo vinte e três

DAQUI EM DIANTE: OS DIAS DO DESERTO

Da perspectiva do Alto Conselho, o que os próximos anos nos reservam? Como o título deste livro é A Grande Mudança, como podemos nos preparar melhor para o que está por vir?

O processo de preparação para a magnitude das mudanças celestes que ocorrerão no plano exterior envolve preparar-se pessoalmente, no nível interno ou celular, para a purificação da consciência tóxica (que se manifesta como matéria), que vocês acumularam por agarrarem-se à densidade do julgamento, da separação e do ego — e render-se ao amor incondicional, que sustenta o Cosmos.

Por mais remoto que esse amor possa parecer às vezes, ele permeia todas as coisas. Para esse propósito, achamos importante lembrar que ou vocês acreditam em Deus, num Criador Primordial, ou não acreditam. Se acreditam, terão também de aceitar, como condição inerente a essa crença, que tudo o que ocorre faz parte do fluxo consciente da Mente de Deus. Da escuridão das horas mais difíceis e das sombras das almas perdidas até a claridade do alvorecer, o resplendor dos anjos, tudo está na Ordem Divina.

Para facilitar o processo de transmutação da densidade para a luz, aprendendo a enfrentar os eventos que surgem com serenidade e aceitação, vocês terão de buscar o entendimento espiritual da vida e do tempo que lhes foi dado viver no corpo.

Entre os métodos práticos que facilitam esse processo, um deles envolve remover, o máximo possível, todos os elementos tóxicos do meio ambiente e todos os pensamentos tóxicos dos campos da consciência. A remoção dos primeiros é efetuada por meio das seguintes medidas:

- Reduzir todos os dispositivos eletromagnéticos que interferem nos fluxos naturais de energia e nos biorritmos;

- Substituir o uso de roupas, alimentos e produtos químicos sintéticos por fibras naturais, alimentos vegetarianos e integrais e substâncias orgânicas;
- Tomar água purificada, processada no nível celular por pensamentos conscientes, preces e meditações — bem como pelo uso de formas geométricas sagradas;
- Escolher ambientes harmoniosos que tenham a melhor qualidade possível no que diz respeito ao ar, ao solo e à sintonia com a natureza;
- Exercitar o corpo físico para que permaneça vigoroso e inspirar prana para iluminar todas as unidades celulares.

Para remover os pensamentos tóxicos dos campos da consciência, os procedimentos recomendados são os seguintes:

- Meditação e respiração apropriada;
- Escolher conscientemente o perdão em lugar da vingança, a tolerância em lugar do julgamento, o amor sobre o ódio e a confiança sobre o medo;
- Render-se ao amor incondicional, amando incondicionalmente;
- Reconhecer e aceitar as próprias emoções, trazendo-as à plena luz da consciência antes de liberá-las através do coração para dentro da Terra, onde possam ser transformadas;
- Passar tempo na natureza, amando os animais, inspirando ar puro, o cheiro das árvores, das flores — as dádivas do Éden;
- Procurar ver a beleza e dedicar tempo para celebrar tudo o que o mundo tem de bom;
- Evitar as pessoas de baixa frequência vibratória, que desejam envolvê-los em pensamentos e atos negativos;
- Colocar em todos os pensamentos e ações apenas o propósito de servir ao bem maior.

Esta é a hora de visitar os lugares sagrados da Terra, pois neles vocês sentirão as energias da Terra, dos antepassados que os reverenciaram e de outros que também levaram seu amor e sua luz para tais vórtices. Vocês sentirão mudanças intensas e uma grande aceleração em seus corpos energéticos, particularmente no período posterior ao alinhamento Santa Cruz (junho de 2008), e a experiência que terão será a de unidade e conexão com Gaia.

Criem altares para o Espírito, de acordo com a devoção de cada um, respeitando a sabedoria que subjaz à cosmometria da forma e da consciência, a vibração do eixo vertical (o espírito que anima a Terra) e o poder do plano horizontal para criar um lugar onde cada um possa encontrar o epicentro absoluto de sua própria existência.

Gostaríamos de finalizar a nossa participação neste projeto dizendo que do que vocês mais necessitam, neste momento de mudança radical, é uma doutrina que lhes permita "pensar corretamente", voltando o foco para aquilo que vocês já têm, aquilo que já conhecem e, o mais importante, aquilo que criaram em conjunto com Gaia, a mãe cujo poder e amor são incomensuráveis. Se vocês se perguntarem o que os oprime, na serenidade da mente centrada e no equilíbrio emocional do corpo, vocês não poderão deixar de compreender que esse sentimento é o medo do desconhecido — de qualquer coisa que espreita do lado de fora daquilo que vocês têm como zona de segurança, ou seja, daquelas redes ilusórias que o poder lança continuamente sobre sua percepção consciente do que está realmente acontecendo no mundo.

Vocês são manipulados a aceitar a ideia de impotência e medo de coisas que, devidamente consideradas, são totalmente insignificantes! Vocês não concordam que simplesmente sair de casa está se tornando um desafio cada vez maior?

No entanto, nós podemos lhes assegurar que, por mais irremediáveis que os eventos possam parecer, todos eles fazem parte do processo de despertar. Prestem atenção e observem, mas com distanciamento, o que acontece no mundo ao redor. Mantenham-se centrados, acalmando as emoções mais primárias. Estejam alertas e observem atentamente os acontecimentos ao redor, desviando o foco dos horrores e fixando-o na beleza, no amor e nos milagres que em nenhum momento deixam de ocorrer. E acima de tudo, sementes estelares, é importante lembrar que vocês escolheram estar aqui neste momento. Vocês fizeram essa escolha, plenamente conscientes de que nesta jornada existem montanhas e vales.

É hora de recordar, caros filhos da luz e da beleza.

É hora de lembrar quem vocês realmente são.

Nós torcemos por vocês do fundo do nosso coração e com toda a força da nossa mente.

Nós somos o Alto Conselho de Sírio.

Edições Loyola

impressão acabamento

rua 1822 nº 341
04216-000 são paulo sp
T 55 11 3385 8500
F 55 11 2063 4275
www.loyola.com.br